定期テスト **ズバリよくでる** **国語 3年** **三省堂版** 現代の国語3

もくじ

取り外してお使いください 赤シート＋直前チェックBOOK,別冊解答

※全国の定期テストの標準的な出題範囲を示しています。学校の学習進度とあわない場合は,「あなたの学校の出題範囲」欄に出題範囲を書きこんでお使いください。

Step 1

岩が

1 詩を読んで、問いに答えなさい。

岩が

吉野《よしの》　弘《ひろし》

▼教 16ページ1行～17ページ7行

岩が　しぶきをあげ
流れに逆らっていた。
岩の横を　川上へ
強靭《きょうじん》な尾を持った魚が　力強く
ひっそりと　泳いですぎた。
逆らうにしても
①それぞれに特有な
そして精いっぱいな
仕方があるもの。
魚が岩を憐《あわ》れんだり
岩が魚を卑しめたりしないのが
②いかにも爽《さわ》やかだ。
流れは豊かに
むしろ　卑屈なものたちを
押し流していた。

〈『現代詩文庫　吉野弘詩集』〉より

(1) この詩で用いられている表現技法を次から二つ選び、記号で答えなさい。

ア 直喩　イ 擬人法　ウ 倒置
エ 反復　オ 体言止め

(　)(　)

(2) ——線①「それぞれに特有な／そして精いっぱいな／仕方がある もの」とありますが、「岩」と「魚」の流れに逆らう「仕方」を表した部分を、詩の中から「岩」は六字で「魚」は八字で抜き出しなさい。

岩 □□□□□□
魚 □□□□□□□□

(3) ——線②「いかにも爽やかだ」とありますが、なぜ爽やかなのですか。次から一つ選び、記号で答えなさい。

ア 川の流れによって醜い心が全て洗い流されてしまうから。
イ お互いに助け合いながら目標に向かって努力しているから。
ウ 他者のやり方を見下さず自分の信じる道を進んでいるから。

(　)

🕐 15分

2 ――線の漢字の読み仮名を書きなさい。

❶ 風に逆らって歩く。

❷ 卑屈な態度を取る。

❸ 親に友達を紹介する。

❹ 兄は粘り強い性格だ。

3 ――線の言葉の意味をあとから選び、記号で答えなさい。

❶ 頑丈な鉄筋コンクリートの建物。

❷ 屈強なラグビー選手たちがぶつかる。

❸ 今回の決議に対し強硬に反対する。

❹ 野生のライオンは猛々《たけだけ》しい。

ア ひどく勇ましく、いかにも強いこと。

イ きわめて力が強く、たくましいこと。

ウ しっかりしていて、じょうぶなこと。

エ 強い態度で主張を押し通そうとすること。

テストで点を取るポイント

国語の中間・期末テストでは、次のポイントを押さえて確実に点数アップをねらうことができます。

☑ノートを確認して、教科書を音読する

❶授業中の板書を写したノートをおさらいする。

国語の定期テストでは黒板に書かれた内容がテストで問われることが多く、先生によっては要点を赤字にしたり、繰り返し注意したりしてヒントを出してくれています。

❷教科書の文章を音読して読み直す。

テストで出る文章は決まっているので、必ず何度も読み直して文章内容を理解しておきましょう。

☑ステップ1・ステップ2を解く

≫実際に文章読解問題・文法問題を解いて、内容を理解できているか確認します。いずれも時間を計って、短時間で解く練習をしておきましょう。

☑小冊子で漢字を確認する

≫テスト直前には新出漢字や文法事項、古文単語などの暗記事項を確認します。

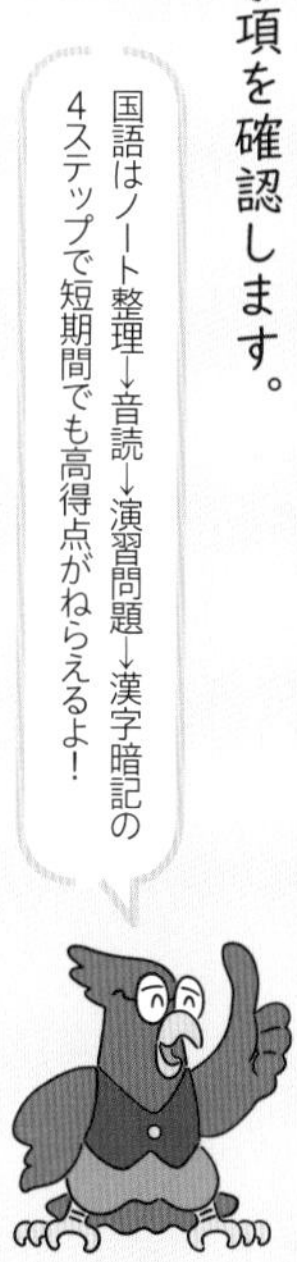

Step 1 握手

15分

❶ 文章を読んで、問いに答えなさい。

▼㊎23ページ13行～25ページ4行

「日本人は先生に対して、ずいぶんひどいことをしましたね。交換船の中止にしても国際法無視ですし、木づちで指をたたき潰すに至っては、もうなんて言っていいか。申しわけありません。」

ルロイ修道士はナイフを皿の上に置いてから、①右の人さし指をぴんと立てた。指の先は天井をさしてぶるぶる細かく震えている。また思い出した。ルロイ修道士は、「こら。」とか、「よく聞きなさい。」とか言うかわりに、右の人さし指をぴんと立てるのが癖だった。

「総理大臣のようなことを言ってはいけませんよ。だいたい日本人を代表してものを言ったりするのは傲慢です。それに日本人とかカナダ人とかアメリカ人といったようなものがあると信じてはなりません。一人一人の人間がいる、それだけのことですから。」

「わかりました。」

私は右の親指をぴんと立てた。これもルロイ修道士の癖で、彼は、「わかった。」、「よし。」、「最高だ。」と言うかわりに右の親指をぴんと立てる。そのことも思い出したのだ。

「おいしいですね、このオムレツは。」

ルロイ修道士も右の親指を立てた。②私はハテナと心の中で首をかしげた。おいしいと言う割にはルロイ修道士に食欲がない。ラグビーのボールを押し潰したようなかっこうのプレーンオムレツは、空気

(1) ――線①「右の人さし指をぴんと立てた」とありますが、この動作の意味を、文章中から二つ抜き出しなさい。

(2) ――線①「右の人さし指をぴんと立てた」あとで、ルロイ修道士が「私」に言った言葉から、ルロイ修道士のどのような考え方がわかりますか。次から一つ選び、記号で答えなさい。

ア 慣れない国で暮らしている外国の人には優しくすべきだ。
イ どこの国の人かは問題ではなく、その人自身こそが大切だ。
ウ 一国民が総理大臣の傲慢な態度をまねるのは失礼なことだ。

(3) ――線②「私はハテナと心の中で首をかしげた」とありますが、「私」はルロイ修道士のどのような動作を見て、首をかしげたのですか。それがわかる一文の初めと終わりの五字を抜き出しなさい。(句点も字数に含む。)

□□□□□～□□□□□

を入れればそのままグラウンドに持ち出せそうである。ルロイ修道士はナイフとフォークを動かしているだけで、オムレツをちっとも口へ運んではいないのだ。

「それよりも、私はあなたをぶったりはしませんでしたか。あなたにひどいしうちをしませんでしたか。もし、していたなら、謝りたい。」

「一度だけ、ぶたれました。」

ルロイ修道士の、両手の人さし指をせわしく交差させ、打ちつけている姿が脳裏に浮かぶ。③これは危険信号だった。この指の動きでルロイ修道士は、「おまえは悪い子だ。」とどなっているのだ。そして次にはきっと平手打ちが飛ぶ。ルロイ修道士の平手打ちは痛かった。

「やはりぶちましたか。」

④ルロイ修道士は悲しそうな表情になってナプキンを折り畳む。食事はもうおしまいなのだろうか。

「でも、私たちはぶたれてあたりまえの、ひどいことをしでかしたんです。高校二年のクリスマスだったと思いますが、無断で天使園を抜け出して東京へ行ってしまったのです。」

翌朝、上野《うえの》へ着いた。有楽町《ゆうらくちょう》や浅草《あさくさ》で映画と実演を見て回り、夜行列車で仙台《せんだい》に帰った。そして待っていたのがルロイ修道士の平手打ちだった。「あさっての朝、必ず戻ります。心配しないでください。捜さないでください。」という書き置きを園長室の壁に貼りつけておいたのだが。

井上　ひさし「握手」〈『ナイン』〉より

(4) ——線③「これは危険信号だった」とありますが、「私」はどんなことがわかっていたからこのようにいうのですか。文章中から十三字で抜き出しなさい。

(5) ——線④「悲しそうな表情になって」とありますが、ルロイ修道士はなぜそのような表情になったのですか。次から一つ選び、記号で答えなさい。

ア　かつて自分が「私」をぶって傷つけていたということがわかり、申し訳ないと思ったから。

イ　「私」が逃げ出したくなるような、居心地の悪い天使園にしてしまったことを後悔したから。

ウ　せっかく「私」と食事をしているのに、おいしそうなオムレツを食べられないでいたから。

ヒント

(3) 「私」が首をかしげた理由は、このあとに説明されている。ルロイ修道士の「動作」を問われていることに注意しよう。

(4) 「これ」とは、前の文にある「両手の人さし指をせわしく交差させ、打ちつけ」るという指の動きを指す。この指の動きは「おまえは悪い子だ」という意味である。

「私」は、次にどんなことがくるのかわかっていたんだね。

Step 2

握手

20分

/100

目標 75点

1 文章を読んで、問いに答えなさい。思

▼教 27ページ6行～29ページ2行

ルロイ修道士は右の親指をぴんと立てた。

「私の癖をからかっているんですね。そうして私に運転の腕前を見てもらいたいのでしょうか、バスをぶんぶんとばします。最後にバスを天使園の正門前に止めます。停留所じゃないのに止めてしまうんです。*上川《かみかわ》くんはいけない運転手です。けれども、そういうときが私には①いっとう楽しいのですね。」

「いっとう悲しいときは……。」

「天使園で育った子が世の中に出て結婚しますね。子供が生まれます。ところがそのうちに夫婦の間がうまくいかなくなる。別居します。離婚します。やがて子供が重荷になる。そこで天使園で育った子が自分の子を、またもや天使園へ預けるために長い坂をとぼとぼ上ってやってくる。それを見るときが②いっとう悲しいですね。なにも父子《おやこ》二代で天使園に入ることはないんです。」

ルロイ修道士は壁の時計を見上げて、

「汽車が待っています。」

と言い、右の人さし指に中指をからめて掲げた。これは「幸運を祈る」、「しっかりおやり」という意味の、ルロイ修道士の指言葉だった。

上野《うえの》駅の中央改札口の前で思いきってきいた。

「ルロイ先生、死ぬのは怖くありませんか。私は怖くてしかたがあ

(1) ——線①「いっとう楽しい」、——線②「いっとう悲しい」とありますが、ルロイ修道士は、どのようなときにそう感じるのですか。「かつての園児が……のを見るとき。」の形で、それぞれ簡潔に答えなさい。

(2) ——線③「ルロイ修道士は少し赤くなって頭をかいた」とありますが、なぜですか。次から一つ選び、記号で答えなさい。

ア 「私」が急に子供を相手にするような口調で質問したから。

イ 死が怖くないかといきなり問われて答えられなかったから。

ウ 自分の死が近いことを「私」に悟られていたとわかったから。

(3) ——線④「そのために……信じてきた」とありますが、ルロイ修道士は何のために神様を信じてきたのですか。

点UP

(4) ——線⑤「ルロイ修道士の手を……激しく振った」とありますが、この握手には、ルロイ修道士に対する「私」の、どのような思いが込められていると考えられますか。

(5) ——線⑥「両手の……打ちつけていた」とありますが、これは「おまえは悪い子だ」という意味のルロイ修道士の指言葉であることを考え、この動作をしていた「私」の気持ちに当てはまらないものを次から一つ選び、記号で答えなさい。

ア 病気なのに会いにきたルロイ修道士にあきれる気持ち。

イ 何もできなかった自分に対するやるせない気持ち。

ウ ルロイ修道士の命を奪った腫瘍に対する怒りの気持ち。

りませんが。」

　かつて私たちがいたずらを見つかったときにしたように、③ルロイ修道士は少し赤くなって頭をかいた。

「天国へ行くのですからそう怖くはありませんよ。」

「天国か。本当に天国がありますか。」

「あると信じるほうが楽しいでしょうが。死ねば何もないただむやみに寂しいところへ行くと思うよりも、にぎやかな天国へ行くと思うほうがよほど楽しい。④そのためにこの何十年間、神様を信じてきたのです。」

　わかりましたと答えるかわりに私は右の親指を立て、それから⑤ルロイ修道士の手をとって、しっかりと握った。それでも足りずに腕を上下に激しく振った。

「痛いですよ。」

　ルロイ修道士は顔をしかめてみせた。

　上野公園の葉桜が終わる頃、ルロイ修道士は仙台《せんだい》の修道院で亡《な》くなった。まもなく一周忌である。私たちに会って回っていた頃のルロイ修道士は、身体《からだ》中が悪い腫瘍の巣になっていたそうだ。葬式でそのことを聞いたとき、私は知らぬまに、⑥両手の人さし指を交差させ、せわしく打ちつけていた。

＊「上川くん」は、かつての天使園の園児。

井上　ひさし「握手」〈『ナイン』〉より

❷ ——線のカタカナを漢字で書きなさい。

❶ シャツをセンタクする。
❷ オダやかな表情。
❸ 町のコウガイに住む。
❹ ユイゴンをのこす。

❶	(1) ①	15点
	(1) ②	15点
	(2)	10点
	(3)	10点
	(4)	20点
	(5)	10点
❷	❶	各5点
	❷	
	❸	
	❹	

Step 2

言葉発見①／漢字を身につけよう①

（岩が～漢字を身につけよう①）

20分

／100

目標 75点

1 ――線の漢字の読み仮名を書きなさい。

1 面倒な代物。
2 森を開墾する。
3 野球部の監督。
4 傲慢な態度だ。
5 闇市が広がる。
6 腫瘍を手術する。
7 脳裏に浮かぶ。
8 丘陵に上る。
9 デマに翻弄される。
10 レモンを搾る。
11 畏敬の念を抱く。
12 湖畔を散歩する。
13 娯楽番組を見る。
14 渓流釣りをする。
15 よき伴侶を得る。

1

1	5	9	13
2	6	10	14
3	7	11	15
4	8	12	

各2点

2 カタカナを漢字に直しなさい。

1 キオクにない。
2 味噌《みそ》シルを作る。
3 彼は次男ボウだ。
4 足のツメを切る。
5 ローマテイコク
6 バチが当たる。
7 頭をかくクセ。
8 ミスをアヤマる。
9 朝食をメし上がる。
10 箱がツブれる。
11 ブンカツで払う。
12 ジョウダンを言う。
13 ヘイボンな日々。
14 ソウシキを出す。
15 一周キに集まる。

2

1	5	9	13
2	6	10	14
3	7	11	15
4	8	12	

各2点

3 ——線の漢字の読み仮名を書きなさい。

1
a 初めて訪れた町で知己を得る。
b 新しいクラスで自己紹介をする。

2
a 試合の最後にエールを交わす。
b 道路が交わる地点で交通整理をする。

3
a 誠を尽くして友達をさとす。
b クレームには誠意をもって対応する。

4
a 大学卒業後は教師の職に就く。
b 仙台《せんだい》支店の支店長に就任する。

5
a 国会で首相が演説をする。
b 悩みごとを先生に相談する。

3		
1	a	b
2	a	b
3	a	b
4	a	b
5	a	b

各2点

4 ——線「あげる」の語釈をあとから選び、記号で答えなさい。

1 妹にお菓子をあげる。
2 母が天ぷらをあげる。
3 楽しい例をあげる。
4 机の上に椅子をあげる。
5 期日までに原稿をあげる。

ア 高い所にもっていく。
イ 油の中に入れて調理する。
ウ 物事を終わらせる。
エ ものを与える。
オ 取り上げて言う。

4	
1	
2	
3	
4	
5	

各4点

テストに出る

語釈：言葉の意味。国語辞典などで意味を記述した部分。

多義語：多数の語釈をもっている語のこと。

多義語と漢字
同じ読み方の語でも、多くの漢字があてられて意味を区別することがある。
例 取る・撮る・捕る・採る・執る

Step 1

「批判的に読む」とは

15分

1 文章を読んで、問いに答えなさい。

▼教 40ページ1行〜41ページ16行

日本語の「批判」という言葉は、粗探しをする、文句を言うというイメージが強いようです。しかし本来、「批判」とは、物事について冷静に考え、認めるべき点と認められない点を見分けて判断することです。

文章を読むことにおいても、このような見方・考え方が重要です。「批判的に読む」とは、よいものはよい、よくないものはよくないと判断しながら読むことです。主張に対する根拠や理由は適切か、偏った考え方ではないかと吟味、評価する読み方です。

＊吉野源三郎《よしのげんざぶろう》の『君たちはどう生きるか』の中にある一節をもとに、具体的な読み方を示してみましょう。

A
一つは、①文章や本に積極的にはたらきかけながら読むことです。これは、「新しく知ったこと」や「共感したこと」、「疑問をもったこと」、「不思議に思ったこと」などを見つけながら読む行為です。すすんで文章に関わっていく態度をもつかどうかで、自分にとってのその文章の価値は大きく違ってきます。

B
次に、②筆者の意図や発想を推し測って読むことです。これは、「なぜ筆者はこの話題を選んだのか」、「なぜこのような論の展開をしているのか」、「なぜこのような言葉を用いているのか」などを考えながら読む行為です。文章の内容や表現の仕方などについて、筆者の

(1) 段落Aと段落Bの関係として正しいものを次から一つ選び、記号で答えなさい。

ア 前提と発展　イ 例示と解説　ウ 並列

（　　）

(2) ——線①「文章や本に積極的にはたらきかけながら読む」とありますが、このことを別な言い方でどのようにいっていますか。文章中から十八字で抜き出しなさい。

(3) ——線②「筆者の意図や発想を推し測って読む」とありますが、どのようなことから推し量るのですか。当てはまらないものを次から一つ選び、記号で答えなさい。

ア 筆者の年齢から。　イ 話題の選択から。
ウ 言葉の用い方から。　エ 論の展開から。

（　　）

(4) ——線③「まだ生産的な読み方とはいえません」とありますが、なぜいえないのですか。次の文の（　）に当てはまる言葉を、文章中から指定の字数で抜き出しなさい。

意図や発想を推し測って読むことは、筆者が本当に伝えたいことを的確に、また豊かに捉えることに通じます。

筆者の意図や発想がわかって「そうなのか」と思うだけでは、③まだ生産的な読み方とはいえません。最も重要なのは、自分の考えをつくるために読むことです。これは、筆者の主張や意見に対して、「賛成」・「反対」、「納得できる」・「納得できない」を表明していく読み方です。また、「論の展開がわかりやすい」「この例では不十分だ」「論理が飛躍しているのではないか」「全てにあてはまるのか」などを吟味・評価することです。筆者の主張や意見の内容であれ、述べ方であれ、それらについて「私はこのように考える」といえることが重要です。その際大切なのは、理由（なぜそのように考えたのか）や、根拠（考えのもとになった言葉や事実、経験は何か）を明らかにすることです。ただ言いはるだけではいけません。

批判的に読むことは、ものの見方や考え方を広げ、深めます。④現代社会をたくましく豊かに生きていく力強い読み手になるために、ぜひ身につけたい読み方です。

＊「吉野源三郎の……一節」は省略。

吉川　芳則「『批判的に読む』とは」より

（a　二字）や（b　二字）を明らかにして、「（c　十字）」とはまだいえないから。

a
b
c

(5) ——線④「現代社会をたくましく豊かに生きていく力強い読み手」とありますが、どのような読み手のことですか。次から一つ選び、記号で答えなさい。

ア　他人の言うことをほとんど疑うことなく、素直に全面的に受け入れる読み手。

イ　視野を広く持ち、深く考えて自分の意見をしっかりと述べることのできる読み手。

ウ　文章の主張の欠点を見抜き、鋭く反論していくことができる読み手。

ヒント

(1) それぞれの段落の初めに「一つは、」「次に、」とあることに注目しよう。「具体的な読み方」の例として述べられている。

(3) 直後の文に「これは、……考えながら読む行為です」とあるので、この部分に具体的に挙げられているものである。選択肢の言葉が、文章中のどの言葉に当てはまるのかに注意する。

Step 1 間の文化

15分

❶ 文章を読んで、問いに答えなさい。

▼㊧44ページ1行～45ページ16行

日本語の「間《ま》」という言葉にはいくつかの意味がある。

まず一つは「①空間的な間」である。「隙間」「間取り」というときの「間」であるが、基本的には「物と物とのあいだの何もない空間」のことだ。絵画で何も描かれていない部分のことを余白というが、これも空間的な間である。

日本の家は本来、床と柱とそれを覆う屋根でできていて、②壁というものがない。これは部屋を細かく区分けし、壁で仕切り、そのうえ、鍵のかかる扉で密閉してしまう西洋の家とは異なる。西洋の個人主義はこのような個室で組み立てられた家に住んできたからこそ生まれたというのは③よくわかる話である。

それでは、壁や扉で仕切るかわりに日本の家はどうするかというと、障子やふすまや戸を立てる。「源《げん》氏《じ》物語《ものがたり》絵《え》巻《まき》」などに描かれた王朝時代の宮廷や貴族たちの屋敷を見ると、その室内は板戸や蔀《しとみ》戸《ど》、ふすまや几帳《きちょう》など④さまざまな間仕切りの建具《たてぐ》で仕切られてはいるものの、至るところ隙間だらけである。西洋の重厚な石や煉瓦《れんが》や木の壁に比べると、なんという軽やかさ、はかなさだろうか。

しかも、このような建具は全て季節のめぐりとともに入れたりはずしたりできる。冬になれば寒さを防ぐために立て、夏になれば涼を得るために取りはずす。それだけでなく、住人の必要に応じて、

(1) ――線①「空間的な間」を絵画では何といっていますか。文章中から二字で抜き出しなさい。

(2) ――線②「壁というものがない」とありますが、日本の家は「壁というものがない」ことを補うために、どうしていますか。文章中から十二字で抜き出しなさい。

(3) ――線③「よくわかる話である」とありますが、個人主義が西洋で生まれたことについて、なぜよくわかるのですか。次から一つ選び、記号で答えなさい。

ア 密閉された個人専用の空間で過ごす習慣は、個人を尊重する考え方につながるから。

イ 日本の隙間だらけの開放的な家の中では、学問を深めることは無理であるから。

ウ 個室にこもって邪魔をされることなく、じっくり思索にふけることができたから。

ふだんは座敷、次の間、居間と分けて使っていても、いざ、おおぜいの客を迎えて祝宴を開くという段になると、全てをつないで大広間にすることもできる。⑤このように日本人は昔から自分たちの家の中の空間を自由自在につないだり仕切ったりして暮らしてきた。

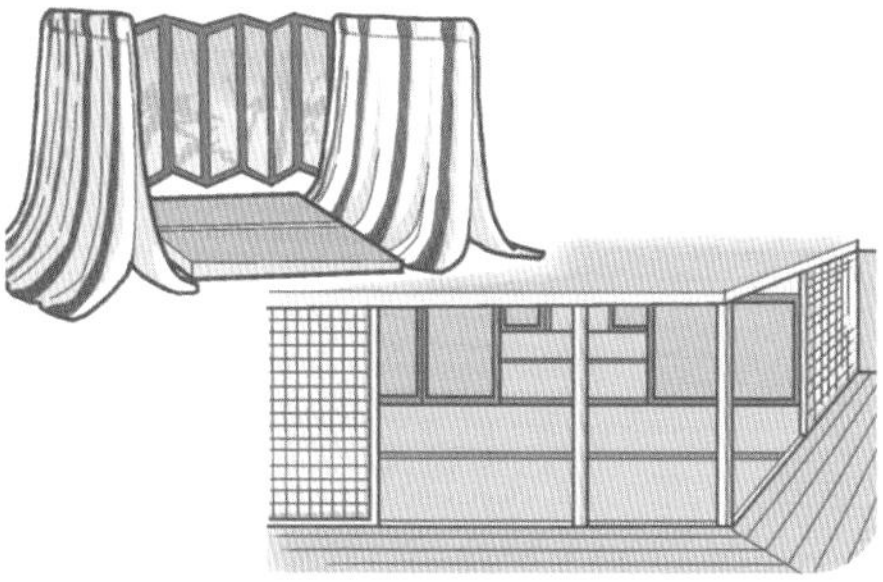

長谷川　櫂「間の文化」〈『和の思想』を書き改めたもの〉より

(4) ――線④「さまざまな間仕切りの建具」とありますが、筆者はこれらの建具をどのように感じていますか。文章中から十八字で探し、初めと終わりの五字を抜き出しなさい。

□□□□□ 〜 □□□□□

(5) ――線⑤「このように」とありますが、これはどのようなことを指しますか。次の文の（　）に当てはまる言葉を、文章中から指定の字数で抜き出しなさい。

（a　二字）や（b　五字）により、仕切りを（c　九字）し、さまざまな用途の部屋に変えて使うこと。

a □□

b □□□□□

c □□□□□□□□□

ヒント

(3) 「……からこそ生まれた」とある。西洋で生まれて日本では生まれなかった理由を、家の造りと結びつけている。この文は前を要約したものになっているので、前の部分から当てはまる言葉を探す。

(5) 二点に分けて述べられていることに注意しよう。

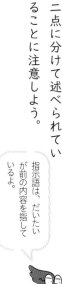

指示語は、だいたいが前の内容を指しているよ。

Step 2

間の文化

20分

／100
目標 75点

❶ 文章を読んで、問いに答えなさい。思

▼教46ページ17行～48ページ15行

①空間的、時間的な間《ま》の他にも、人や物事とのあいだにとる「心理的な間」というものもある。誰でも自分以外の人とのあいだに、たとえ相手が夫婦や家族や友人であっても長短さまざまな心理的な距離、つまり、間をとって暮らしている。このような心理的な間があって初めて日々の暮らしを円滑に運ぶことができる。

日本人は②「あなたは遠慮深い」と言われると、褒められたような気がする。つまり日本では遠慮は美徳とされる。遠慮とは③自分のやりたいこと、利益になることをあえて辞退することだが、言いかえると、相手とのあいだに衝突を和らげる空白地帯として心理的な間をおくことである。

「遠慮」という言葉は中国で生まれた言葉だが、中国では深謀遠慮というように「深く考えをめぐらす」という意味だった。これが海を渡って日本にもたらされると、やがて「相手のことを考えて行動を控える」という日本人特有の心理的な間を表す言葉に変わった。

こうして日本人は生活や芸術や人間関係のあらゆる分野で間を使いこなしながら暮らしている。それを上手に使えば「間に合う」「間がいい」ということになり、逆に使い方を誤れば「間違い」、間に締まりがなければ「間延び」、間を読めなければ「間抜け」になってしまう。

(1) ——線①「空間的、時間的な……ものもある」とありますが、「心理的な間」を空間的な間にたとえて表現している言葉を、文章中から漢字四字で抜き出しなさい。

(2) ——線②「あなたは遠慮深い」について答えなさい。

❶ 日本人にとってこの言葉はどのような意味合いになりますか。次から一つ選び、記号で答えなさい。

ア あなたは他人との衝突を恐れるあまり何も行動できない人だ。
イ あなたはどんな物事も深く考えて綿密な計画を立てる人だ。
ウ あなたは相手のことを考えて行動できる謙虚で立派な人だ。

❷ 中国では「遠慮」はどのような意味ですか。文章中から抜き出しなさい。

(3) ——線③「自分のやりたいこと、利益になることをあえて辞退する」とありますが、このことを言い換えた言葉を、文章中から六字で抜き出しなさい。

(4) ——線④「日本文化はまさに『間の文化』ということができるだろう」とありますが、どういうことですか。簡潔に答えなさい。

点UP
(5) ——線⑤「この間は……しているのだろうか」とありますが、この問いに対する答えを三十字程度で答えなさい。

点UP
(6) ——線⑥「和はこの間があって初めて成り立つ」とありますが、どういうことですか。

このように考えれば、間の使い方はこの国の最も基本的な「掟《おきて》」であって、④日本文化はまさに「間の文化」ということができるだろう。

では、⑤この間は日本人の生活や文化の中でどのようなはたらきをしているのだろうか。その最も重要なはたらきは異質なものどうしの対立を和らげ、調和させ、共存させること、つまり、「和」を実現させることである。早い話、互いに意見の異なる二人を狭い部屋に押し込めておけばけんかになるだろう。しかし、二人のあいだに十分な間をとってやれば、互いに共存できるはずだ。狭い通路に一度におおぜいの人々が殺到すれば、たちまち身動きがとれなくなってパニックに陥ってしまうが、一人ずつ間遠《まどお》に通してやればなんの問題も起こらない。

日本人が、昔から尊重し、培《つちか》ってきたこの「和」が誕生するために、なくてはならない土台が「間」なのである。⑥和はこの間があって初めて成り立つということになる。

長谷川　櫂「間の文化」〈『和の思想』を書き改めたもの〉より

2 ──線のカタカナを漢字で書きなさい。

❶ 劇場でシバイを見る。
❷ 和室でコトを弾く。
❸ 娘が旅館をツぐ。
❹ 関係をタち切る。

1 (1)	(2) ❶	(2) ❷	(3)	(4)	(5)	(6)	**2** ❶	❷	❸	❹
10点	5点	5点	10点	15点	15点	20点	各5点			

成績評価の観点　思…思考・判断・表現

Step 2

漢字のしくみ／漢字を身につけよう②

（「批判的に読む」とは～漢字を身につけよう②）

20分

／100

目標 75点

❶ ――線の漢字の読み仮名を書きなさい。

① 粗探しをする。
② ドアの隙間。
③ 重厚な扉。
④ ピンチに陥る。
⑤ 温厚篤実な人柄。
⑥ 巧遅拙速に如《し》かず。
⑦ 諮問会議を開く。
⑧ 勇猛《ゆうもう》果敢に挑む。
⑨ 暫定首位を取る。
⑩ 順風満帆の船出。
⑪ 拍手喝采を受ける。
⑫ 東奔西走する。
⑬ 質実剛健の気風。
⑭ 一朝一夕にはいかない。
⑮ 手洗いの率先励行。

❶ ① ② ③ ④ ⑤ ⑥ ⑦ ⑧ ⑨ ⑩ ⑪ ⑫ ⑬ ⑭ ⑮ 各2点

❷ カタカナを漢字に直しなさい。

① 品物をギンミする。
② カギを閉める。
③ シンボウ遠慮
④ 国王のキュウテイ。
⑤ 子供をホめる。
⑥ セマい路地。
⑦ 五里ムチュウ
⑧ コグン奮闘
⑨ 首尾イッカン
⑩ ツツ浦々《うらうら》
⑪ オウセイな食欲。
⑫ シンラ万象
⑬ 和洋セッチュウ
⑭ 深山ユウコク
⑮ 内憂ガイカン

❷ ① ② ③ ④ ⑤ ⑥ ⑦ ⑧ ⑨ ⑩ ⑪ ⑫ ⑬ ⑭ ⑮ 各2点

❸ 次の四字熟語の構成をあとから選び、記号で答えなさい。

❶ 有名無実　❷ 三々五々　❸ 栄枯盛衰
❹ 懇切丁寧　❺ 喜怒哀楽　❻ 用意周到
❼ 起承転結　❽ 鯨飲馬食　❾ 明々白々
❿ 前代未聞　⓫ 離合集散　⓬ 自問自答

ア　似た意味の二字熟語が結びついたもの
イ　反対の意味の二字熟語が結びついたもの
ウ　反対の意味の漢字を二つ並べた熟語が結びついたもの
エ　上の二字が下の二字にかかるもの
オ　同じ漢字の繰り返しを二つ重ねたもの
カ　四字が対等に並ぶもの

❸

❶	❷	❸	❹
❺	❻	❼	❽
❾	❿	⓫	⓬

各2点

❹ 次の四字熟語の意味をあとから選び、記号で答えなさい。

❶ 呉越同舟《ごえつどうしゅう》　❷ 換骨奪胎
❸ 沈黙寡言　❹ 臥薪嘗胆《がしんしょうたん》

ア　他の人の作品や着想などを基にして自分の作品を作ること。
イ　仲の悪い者たちが同じ場所に一緒にいること。
ウ　目的のために苦心し苦労に耐《た》えること。
エ　落ち着いていて言葉が少ないこと。

❹

❶	
❷	
❸	
❹	

各4点

テストに出る

● **四字熟語**
故事成語　例 呉越同舟　朝令暮改　臥薪嘗胆　朝三暮四

四字熟語の構成

似た意味の二字熟語を重ねる。　例 千差＝万別
反対の意味の熟語を重ねる。　例 質疑⇕応答
反対の意味の漢字でできた熟語を重ねる。　例 古⇕今＋東⇕西
上の二字が下の二字にかかる。　例 時期↓尚早
同じ漢字の繰り返しを重ねる。　例 時々＋刻々（時時＋刻刻）
四字が対等に並ぶ。　例 花＋鳥＋風＋月

Step 1

俳句の世界／俳句十句

15分

❶ 文章と俳句を読んで、問いに答えなさい。

▼㊧64ページ5行～67ページ6行

秋つばめ包《パオ》のひとつに赤ん坊　黒田《くろだ》　杏子《ももこ》

読んだ瞬間、私は行ったこともないモンゴルの大平原にワープして、大陸の乾いた爽やかな風の中、南へ帰っていくつばめを仰ぐ自分を感じました。秋つばめの飛び交う青空の下には、モンゴルの移動式住居、包《パオ》が見えてきます。いくつか並ぶ包《パオ》の一つに赤ん坊がいるのです。赤ん坊は眠っているようにも笑っているようにも思えます。秋つばめという季語と包《パオ》の中にいる赤ん坊が取り合わせられることで、一句の世界に人の営みが描かれ、奥行きが生まれ、動いていく季節の手触りが伝わる。十七音の文字列にすぎない俳句には、読み手の目や耳や鼻に、色や音や匂いをありありと再現させる力がある。俳句ってすごいなあ！　かっこいいなあ！　と感嘆しました。

私たちは日常的に五感を使って暮らしています。季語が伝える五感情報にほんの少し心を傾けるなら、誰にでもその豊かな世界を開いてくれる、俳句とはそんな広やかな文学なのです。

夏井　いつき「俳句の世界」より

(1)　「秋つばめ」の俳句について説明した次の文の（　）に当てはまる言葉を、文章中から指定の字数で抜き出しなさい。

（a　一字）という一文字で舞台の国を設定し、南へ帰っていく（b　三字）の姿で季節と距離感を感じさせ、（c　三字）を取り合わせることで人の営みを描いている。

a
b
c

(2)　――線部「俳句とはそんな広やかな文学なのです」とありますが、俳句にはどんな力があると述べていますか。文章中から二十九字で探し、初めと終わりの五字を抜き出しなさい。

～

(3)　❶ A～Jの俳句の中で、俳句の約束ごとにとらわれていない句を全て選び、記号で答えなさい。

❷ そのような俳句は何と呼ばれますか。当てはまる言葉を漢字三字で書きなさい。

俳句

A　囀《さえず》りをこぼさじと抱く大樹かな　　星野《ほしの》　立子《たつこ》

B　菜の花がしあはせさうに黄色して　　細見《ほそみ》　綾子《あやこ》

C　谺《こだま》して山ホトトギスほしいまま　　杉田《すぎた》　久女《ひさじょ》

D　万緑《ばんりょく》の中や吾子《あこ》の歯生え初《そ》むる　　中村《なかむら》　草田男《くさたお》

E　芋の露連山影《れんざんかげ》を正しうす　　飯田《いいだ》　蛇笏《だこつ》

F　星空へ店より林檎《りんご》あふれをり　　橋本《はしもと》　多佳子《たかこ》

G　いくたびも雪の深さを尋ねけり　　正岡《まさおか》　子規《しき》

H　小春日や石を噛《か》み居《い》る赤蜻蛉《あかとんぼ》　　村上《むらかみ》　鬼城《きじょう》

I　分け入つても分け入つても青い山　　種田《たねだ》　山頭火《さんとうか》

J　入れものが無い両手で受ける　　尾崎《おざき》　放哉《ほうさい》

「俳句十句」より

(4)　次の各文は、A〜Jのどの句について述べたものですか。記号で答えなさい。

①　自由に生きている生き物の姿を聴覚に訴《うった》えて感じさせている。

②　初冬の暖かい日に季節外れのじっと動かないものを見ている。

③　擬人法を用いながら生き物の躍動感を効果的に映し出している。

①（　　）　②（　　）　③（　　）

(5)　E・Fの句の季語は同じ季節の季語です。それぞれの季語を抜き出し、季節を書きなさい。

季語　E（　　）　F（　　）　季節（　　）

(6)　Dの句の句切れを次から一つ選び、記号で答えなさい。

ア　初句切れ　　イ　二句切れ

ウ　中間切れ　　エ　句切れなし

（　　）

(7)　Gの句で作者が自分で「雪の深さ」を確かめないのはなぜですか。簡潔に書きなさい。

（　　）

ヒント

(1)　「秋つばめ」の句のあとに、「私は行ったこともないモンゴルの大平原にワープして」とあるが、なぜ「モンゴル」とわかるのだろうか。

(3)　俳句のきまりは「五・七・五の定型」と「季語」を入れることである。これらから自由な句はどれか。

Step 2

言葉発見②
（俳句の世界～言葉発見②）

20分

/100

目標 75点

1 ――線の漢字の読み仮名を書きなさい。

1 韻文の文学。
2 海の匂いがする。
3 椅子を運ぶ。
4 鮮烈な印象。
5 頂上に至る。
6 堅い木材。
7 鮮やかな色。
8 脳裏に浮かぶ。
9 鳥肌が立つ。
10 爽やかな初夏。
11 滑らかな手触り。
12 擬態語を使う。
13 表現が重複する。
14 強敵に挑む。
15 語彙が豊かだ。

1

1	5	9	13
2	6	10	14
3	7	11	15
4	8	12	各2点

2 カタカナを漢字に直しなさい。

1 チョウカクの検査。
2 雷にオドロく。
3 席にスワる。
4 皮膚のショッカク。
5 五感をシゲキする。
6 学校のセンパイ。
7 空のビョウシャ。
8 決定的シュンカン
9 耳をカタムける。
10 風《ふ》呂《ろ》をかきマぜる。
11 古木がクちる。
12 焼きイモを買う。
13 人にタズねる。
14 ミリョクがある。
15 チュウショウ画

2

1	5	9	13
2	6	10	14
3	7	11	15
4	8	12	各2点

3 ――線①〜⑩の言葉は、和語、漢語、外来語のどれに当たりますか。それぞれ答えなさい。

来週、校内合唱①コンクールが②あるので、今週の月曜から、③みんな朝早く来て、④自主練習をすることになった。

私は⑤ソプラノだが、朝起きてすぐには⑥高い声が出にくい。

そのため、⑦練習開始の八時よりもかなり前に起きて、⑧のどの調子を⑨整えておこうと決めた。そこで時計の⑩アラームを六時にセットした。

3

①	②
③	④
⑤	⑥
⑦	⑧
⑨	⑩

各2点

4 次の混種語を、例にならって和語・漢語・外来語に分けなさい。

例 子供バレエ教室 → 子供｜和語　バレエ｜外来語　教室｜漢語

① 大雨警報　② 和風おろしソース

③ 巻きスカート　④ チャレンジ精神

4

①	
②	
③	
④	

各完答5点

テストに出る

和語　もともと日本で使われていた言葉。平仮名で表記されたり、漢字の訓読みで表されたりする。

漢語　中国から入ってきた言葉や、漢字の音読みを用いて日本でつくられた言葉。

外来語　中国語以外の外国語をもとにした言葉。通常は片仮名で表記される。

混種語　和語・漢語・外来語が組み合わさった言葉。

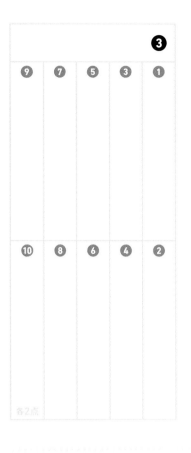

Step 1

希望

15分

❶ 文章を読んで、問いに答えなさい。

▼教 78ページ1行～79ページ12行

①八重桜の濃いピンク色に、真昼の光線が反射する。まぶしいほどの色調が辺りに漂い、胸が騒ぐ。いい歳《とし》をして……と、自分を叱咤《しった》しながらも、そよ風でゆりかごのように揺れる花にじっと見入っていた。

明るい声が響いて我に返り、振り向いた。二十歳そこそこの若い男女が夢中で話しながら、太い幹の向こうから近づいてきた。手にした本の中身を論じ合っているようだ。ぼんやりとたたずんでいた私を彼らはちらりと見て通り過ぎていった。

それでも私はなんだかうれしくなった。最近の若い人には夢がない、と耳にすることがある。けれど、②すれ違った彼らには、あふれんばかりの希望や夢があるように感じられたからだ。

希望というのは、人間が生きるための大きなエネルギー源といえるだろう。だからこそ絶望は、死につながることが多い。

「私が生き延びられたのは、希望を失わなかったからです。」

希望についてしみじみと、そう語った③ポーランド人のスタシャックさんを思い出す。彼は、第二次世界大戦中の「夜と霧作戦」で逮捕されたユダヤ人だ。

霧の深い闇夜に忍び寄って逮捕する、というヒトラーの作戦は、④未曽有の大量虐殺へと突き進んだ。「最終的解決」の命令によって、

(1) ――線①「八重桜の濃いピンク色に、真昼の光線が反射する」とありますが、この表現にはどのような効果がありますか。次から一つ選び、記号で答えなさい。

ア 八重桜に反射する光線のまぶしさに耐えられないほど、歳をとっていることを強調する効果。

イ かつての大量虐殺があった暗い時代と比べて、今が平和で明るい時代であることを印象づける効果。

ウ かつてのつらい時代を生き抜いた人に話を聞くのには、よい季節であることを納得させる効果。

(2) ――線②「すれ違った彼らには、あふれんばかりの希望や夢があるように感じられた」とありますが、「彼ら」のどんな様子から感じられたのですか。それを表しているひと続きの二文を文章中から探し、初めの五字を抜き出しなさい。

(3) ――線③「ポーランド人のスタシャックさんを思い出す」とありますが、「スタシャックさん」はどのような人ですか。文章中から二十六字で探し、初めと終わりの五字を抜き出しなさい。

ユダヤ人の六百万人ともいわれるすさまじい数の命が抹消されたのだった。

大石　芳野「希望」〈『小さな草に』〉より

(4) ――線④「未曽有」とありますが、どういう意味ですか。十五字以内で書きなさい。

(5) この文章で「希望」はどのようなものと述べられていますか。十八字で抜き出しなさい。

ヒント

(1)「まぶしいほどの色調」とあるこの情景からは、どんな感じを受けるだろうか。文章を読み進め、「明るい声」「あふれんばかりの希望や夢」などの言葉から考えよう。

(2)「すれ違った彼ら」とは、前の段落の「二十歳そこそこの若い男女」のことである。その様子を描写した二文を探す。

若い男女は、夢中で本の中身を論じ合っているよ。

Step 2

希望

20分
／100
目標 75点

1 文章を読んで、問いに答えなさい。思

▼教 80ページ1行～81ページ6行

　スタシャックさんは半世紀前、ナチスの狂気と残虐性を象徴するアウシュビッツ絶滅強制収容所を脱出し、数人の仲間と一緒に村人にかくまわれて、やっと自由を得た。

　彼の妻エルナさんは、その村の娘だった。彼女はユダヤ人ではなかったが、ナチスの余りにもむごい残虐な行為を①黙って見過ごせなかった。

「私が助けたのは、塩のためでも、土地のためでもなかった。金銭をもらうためではなかったということです。何よりも、心の痛みに耐えきれなかったからです。」

　そういうエルナさんに②スタシャックさんの第一印象を尋ねると、衝撃を思い出すようにこう言った。

「彼は目もよく見えないようだったし、歩き方もよたよたしていて、五十歳くらいかと思いました。ところがなんと、まだ二十代だったんですよ。」

　殺害、餓死、病死などの恐怖と直面させられていた③スタシャックさんは、いったいどのようにして生き延びたのだろうか。

「多くの人たちが連合軍が助けてくれるとか、神が救ってくれるとか、他の力に期待していました。でも私には、希望だけが大切でした。人間は鋼鉄のように強い神経をもっている。その神経に絶えず

(1) ――線①「黙って見過ごせなかった」とありますが、エルナさんは、なぜスタシャックさんやその仲間を助けたのですか。理由がわかる部分を、文章中から十五字で抜き出しなさい。

(2) ――線②「スタシャックさんの第一印象」について、答えなさい。

❶ エルナさんには、初め、スタシャックさんはどのように見えたのですか。

❷ スタシャックさんは、なぜ❶のように見えたと考えられますか。次から一つ選び、記号で答えなさい。

ア そのように見えるようにして、ナチスの追跡者の目をあざむこうとしたから。

イ ナチスによって計り知れないほどの恐怖と直面させられ、心身ともに衰弱していたから。

ウ エルナさんと会ったそのとき大きな病気にかかっていて、体力を消耗していたから。

点UP

(3) ――線③「スタシャックさんは、いったいどのようにして生き延びたのだろうか」とありますが、その答えをスタシャックさんはどのように言っていますか。

(4) ――線④「生還した人たち」は、労働環境以外で、どのようなものが生死を分けたと言っていますか。五つ書きなさい。

希望という小川が流れている限り、人間は耐えられるのです。」
　むろん運もある。が、それだけではない。強い意志と人間への信頼感、それに友達の助け、生き残れるという自信も必要だった。また、労働の現場が屋根の下だったか外だったかも生死を左右したと、④生還した人たちは口々に語ってくれた。

大石　芳野「希望」〈『小さな草に』〉より

❷ ――線のカタカナを漢字で書きなさい。

❶ 壁がクズれる。
❷ ソクバクを嫌う。
❸ 刑務所《けいむしょ》のシュウジン。
❹ 教えを心にキザむ。

❶					❷	
(1)	(2) ❶	(2) ❷	(3)	(4)	❶ ❷	❸ ❹
15点	15点	10点	20点	各4点		各5点

Step 2

漢字を身につけよう③
（希望〜漢字を身につけよう③）

20分

/100
目標 75点

1 ――線の漢字の読み仮名を書きなさい。

1 未曽有の惨事《さんじ》だ。
2 狂気の沙汰《さた》。
3 残虐な仕打ち。
4 餓死から逃れる。
5 ダムが崩壊する。
6 登録を抹消する。
7 戯曲を上演する。
8 児童向けの抄訳。
9 括弧に入れる。
10 挿絵を描く。
11 玩具で遊ぶ。
12 首相が主宰する。
13 俳諧の師。
14 鍋《なべ》を鋳造する。
15 行書体と隷書体。

1			
1	5	9	13
2	6	10	14
3	7	11	15
4	8	12	

各2点

2 カタカナを漢字に直しなさい。

1 子供がサワぐ。
2 ヤミヨに紛れる。
3 タイホ状を取る。
4 無事セイカンする。
5 外国をオトズれる。
6 ロープでシバる。
7 平和のショウチョウ。
8 苦労にタえる。
9 ショウゲキが走る。
10 コウテツの車両。
11 ウデを組む。
12 レンズのショウテン。
13 ショウゾウ画
14 作品をモホウする。
15 学習ジュクに通う。

2			
1	5	9	13
2	6	10	14
3	7	11	15
4	8	12	

各2点

❸

——線の熟語の読み仮名を書きなさい。また、熟語の意味をあとから選び、記号で答えなさい。

❶ 新たに大作を読む前には、まず梗概に目を通す。

❷ アフリカの大干ばつの映像を見て、戦慄が走る。

❸ 彼は凡庸な人間かもしれないが、正直で信頼できる。

❹ 二十二歳という若さだが、その監督の新作は秀逸だ。

❺ 憧憬する詩人の足跡を訪ねて各地を旅する。

ア 他のものよりとりわけすぐれていること。
イ 恐ろしくてからだが震えること。
ウ あこがれること。あこがれる気持ち。
エ 小説・戯曲などのあらすじ。
オ すぐれたところがなく、とりえのないこと。

❸
❶ ❷ ❸ ❹ ❺
各2点

❹

——線の漢字の読み仮名を書きなさい。

❶ a 麦秋は初夏の頃をいう言葉である。
b 一面に麦畑が広がる風景。

❷ a 来週祖母が北海道から上京する。
b 来るべき猛暑《もうしょ》の夏に備える。

❸ a 若者が集う商店街を目指す。
b 角砂糖にたくさんのアリが集まる。

❹ a 先生との面談に臨む。
b 面はゆい気持ちになる。

❺ a 逆転弾に観客の興奮が極まる。
b 南極探検隊の船が出港した。

❹
❶ a b
❷ a b
❸ a b
❹ a b
❺ a b
各2点

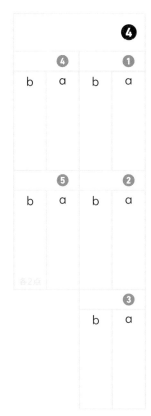

Step 1

フロン規制の物語
——〈杞憂《きゆう》〉と〈転ばぬ先の杖《つえ》〉のはざまで

15分

1 文章を読んで、問いに答えなさい。

▼教 90ページ1行~91ページ12行

隠れていた性質

①フロンの危険性について最初に警告をしたのは、アメリカの科学者シャーウッド=ローランドと、若いメキシコ人研究者マリオ=モリーナでした。一九七四年、イギリスの科学雑誌『ネイチャー』に載った二人の論文は、②世界中を狼狽《ろうばい》させるのに十分な内容でした。

既に述べたように、フロンは化学的にとても安定した性質をもっています。これはつまり、「③そのままでは変化しない」ということを意味しています。燃えやすい物質は、空気中の酸素と結びついて別の物質になり、木材などの微生物の栄養になるような性質のものは、腐って別の物質に変化します。しかし、フロンは燃えることもなく、生物の餌にもなりません。そもそも生き物と関わりをもたないからこそ、毒性を発揮しないのです。だからこそ、安定かつ安全だったのです。

しかしそんなフロンも、特定の条件の下では壊れます。その一つが「紫外線」に当たったときです。紫外線は、化学物質を壊す力があります。生物にとって重要なDNAを壊してしまい、細胞を死滅させたり、がんを発生させたりもするのです。

太陽から来る光には紫外線も含まれていますが、地球は太古の時代から紫外線を吸収してくれる「オゾン層」で覆われており、地球

(1) ——線①「フロンの危険性」に当てはまる最も適切なものを、次から一つ選び、記号で答えなさい。

ア 燃えやすく、腐ると別の物質になること。
イ 生物に関わることで毒性を発揮すること。
ウ オゾン層を破壊してしまう可能性があること。

(　　)

(2) ——線②「世界中を狼狽させる」とありますが、なぜ世界を狼狽させたのですか。次の文の(　)に当てはまる言葉を、文章中から指定の字数で抜き出しなさい。

フロンは(a 二字)な物質だと思われていたため、既に(b 六字)で使われるようになっていたのに、急に科学者から(c 二字)がなされたから。

a
b
c

(3) ——線③「そのままでは変化しない」とありますが、安定した性質のフロンが「変化」するのはどのようなときですか。その例を述べた部分を、文章中から十二字で抜き出しなさい。

(記号も字数に含む。)

上の生物は、紫外線から守られてきました。ローランドとモリーナが提示した仮説は、このオゾン層をフロンが壊してしまう可能性があるというものでした。

　オゾン層は、地上から約一〇キロメートルより上の「成層圏」という領域に存在します。フロンはいったん大気中に放出されると変化せずに漂いますが、徐々に上昇していき、オゾンのある成層圏まで到達します。その領域は地上付近に比べて太陽からの紫外線が強くなりますから、④頑健なフロンも分解されます。そのときフロンが放出する「塩素」という物質が、オゾン層を破壊してしまうというのです。

科学だけでは決まらない

　⑤フロンの製造や使用は、科学者の警告に従ってすぐに禁止されたのでしょうか。オゾン層を守ることは、誰にとっても重要なことにみえます。しかし、フロンの規制は、決して簡単にはいきませんでした。それにはいくつかの理由がありました。

　当時、フロンは既に世界中であらゆる用途に使われていました。もしもフロンを使わなくなれば、かわりに燃えやすい物質を使う必要が生じ、火事や爆発のリスクを増やすことになってしまいます。

　また、フロンの製造会社や関連企業には大きな不利益があるでしょう。それらの企業で働いている人々も、フロンを使った商品を手軽に入手できなくなる消費者も、間接的に影響を受けることになります。

神里　達博「フロン規制の物語――〈杞憂〉と〈転ばぬ先の杖〉のはざまで」より

(4) ――線④「頑健な」とありますが、ここではどういう意味で使われていますか。次から一つ選び、記号で答えなさい。

ア　科学的にとても安定した性質をもっていること。
イ　生物にとって重要なDNAを壊してしまうこと。
ウ　大気中に放出されると徐々に上昇していくこと。

(5) ――線⑤「フロンの製造や……すぐに禁止されたのでしょうか」とありますが、この問いかけに対する答えはどのようになりますか。次の文の（　）に当てはまる言葉を、文章中から指定の字数で抜き出しなさい。

　フロンを使わないと、かわりに（a　五字）物質を使うため別の（b　三字）が生まれるほか、多くの会社や人々に（c　二字）を及ぼすことになるので、（d　二字）にはいかなかった。

a
b
c
d

ヒント

(2) bは、あとの「科学だけでは決まらない」に「当時、フロンは……」と述べられている。

(3) 「変化」するというのは「安定が壊れる」ということである。次の段落が「しかしそんなフロンも、」で書き出されていることに注意しよう。

Step 2

フロン規制の物語
―〈杞憂《きゆう》〉と〈転ばぬ先の杖《つえ》〉のはざまで

20分

／100
目標 75点

❶ 文章を読んで、問いに答えなさい。

▼教 92ページ7行～93ページ20行

その当時起こった論争をみていきましょう。まず、スプレー缶のフロンは必須のものではないのだから規制すべきではないか、という主張が注目を集めました。フロンの製造会社は当初、①この主張に強く反対しました。事実、一九七四年の段階では、代表的な製造会社であるアメリカのB社の首脳は、議会において「オゾン層破壊に関する仮説は現在のところ、具体的な証拠が何もなく、単なる推論である。」と証言しています。

その後、議論は科学者どうしのみならず、企業や政治家、マスメディアをも巻き込む、②大きな論争に発展していきました。フロンの規制は、科学的な議論だけでは必ずしも白黒がつかないうえに、今そこにいる人だけでなく、将来生まれてくる子供たちも含めた、全ての人々に大いに影響がある重大事です。したがって、その議論に参加する資格は科学者だけでなく一般の人々みんなにあると考えられるでしょう。立場の違う人たちの間での議論は、結論に至るまでに困難が多いとはいえ、非常に重要なことです。

モントリオールへの道

多くの議論のすえ、アメリカでは一九七八年、フロンをスプレー缶に使用することが初めて禁止され、カナダや北欧諸国などがそれ

(1) ――線①「この主張に強く反対しました」とありますが、反対する根拠を述べた次の文の（　）に当てはまる言葉を、文章中から二十字で探し、初めと終わりの五字を抜き出しなさい。

その主張は（　　　　）から。

(2) ――線②「大きな論争に発展していきました」について答えなさい。

❶ そうなった理由を二つ、それぞれ二十字前後で簡潔に書きなさい。

❷ そうなったことを、筆者はどう評価していますか。それを述べた一文を探し、初めの五字を抜き出しなさい。

(3) ――線③「杞憂」とありますが、具体的にはどのようなことですか。次から一つ選び、記号で答えなさい。

ア フロンの使用をやめると深刻な問題が出てくるのではないか。
イ フロンのリスクはそれほど大きくなく規制はむだではないか。
ウ フロンが危険な物質なのはわかりきったことなのではないか。

(4) ――線④「その証拠」とありますが、次の問いに、文章中の言葉を用いて簡潔に答えなさい。

❶「その証拠」は具体的には何でしたか。

❷「その証拠」は何の根拠となるものですか。

点UP

(5) ――線⑤「オゾン層破壊の問題は、世界的な広がりをもっていきました」とありますが、どのような意識が広がったと考えられますか。

に続きました。これは、次のような考え方に基づいていました。「フロンによるオゾン層破壊によって被害を受ける可能性は、不明な部分もあるが、かなり高い。だから将来、後悔しないために私たちが今、行動をしよう。」

　これはいわば〈転ばぬ先の杖〉という考え方です。一方で、「それは③〈杞憂〉ではないのか」という意見も根強くありました。これほど便利なフロンを、不確実な根拠でやめてしまってよいのだろうか、というのです。

　しかしこれは杞憂ではありませんでした。④その証拠を初めて見つけたのは、日本の南極観測隊でした。一九八二年、昭和基地における観測で、上空のオゾン量が異常に少なくなっていることがわかったのです。その後、イギリスのチームも、同様の観測結果を得て、マスコミによって「オゾンホール」と名づけられました。当初は北米や北欧以外の国では余り関心がもたれなかった⑤オゾン層破壊の問題は、世界的な広がりをもっていきました。そして、一九八七年、世界六〇か国以上の代表が集まり、「モントリオール議定書」という国際的なルールが締結されました。これによって、一部のフロン（特定フロン）の製造や使用が段階的に規制されることになったのです。

神里　達博「フロン規制の物語――〈杞憂〉と〈転ばぬ先の杖〉のはざまで」より

❷ ――線のカタカナを漢字で書きなさい。

❶ ケショウ品を買う。
❷ ヤッカイな問題。
❸ 態とソウグウする。
❹ ジュウナンに考える。

❶								❷	
(1)	(2) ❶	(2) ❷	(3)	(4) ❶	(4) ❷	(5)		❶	❸
〜								❷	❹
10点	各5点		10点	10点	10点	20点			各5点

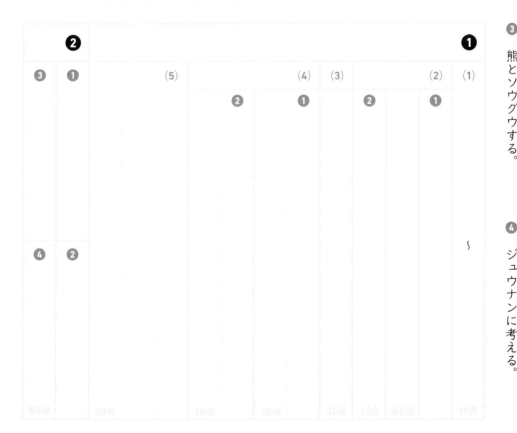

Step 2

言葉発見③／漢字を身につけよう④

（フロン規制の物語～漢字を身につけよう④）

20分

／100

目標 75点

1 ——線の漢字の読み仮名を書きなさい。

1 冷媒となる気体。
2 答えは明瞭だ。
3 必須の条件。
4 水槽で金魚を飼う。
5 臣下が牙をむく。
6 美しい褐色の肌。
7 サンゴ礁の海。
8 喫緊の課題。
9 粉骨砕身努力する。
10 条約を批准する。
11 獲物を狙う。
12 入場を阻止する。
13 天然痘を研究する。
14 汗が分泌される。
15 山の渓谷を歩く。

1			
1	5	9	13
2	6	10	14
3	7	11	15
4	8	12	

各2点

2 カタカナを漢字に直しなさい。

1 ムシュウの液体。
2 カンジュース
3 センジョウ剤
4 ワズかな金額。
5 ゴミがクサる。
6 法のモトの平等。
7 成層ケンに入る。
8 関連キギョウ
9 ツバサを広げる。
10 絶滅キグ種
11 ギセイを出さない。
12 シンチョウに扱う。
13 スイゴウ地帯
14 ドシャを取り除く。
15 スケダチする。

2			
1	5	9	13
2	6	10	14
3	7	11	15
4	8	12	

各2点

❸ 次の慣用句・ことわざの意味をあとから選び、記号で答えなさい。

❶ 虫の知らせ　❷ 襟を正す

❸ 取りつく島もない　❹ 石橋をたたいて渡る

❺ 火に油を注ぐ　❻ 筆が立つ

❼ 根も葉もない　❽ 立て板に水

ア　態度がそっけなく交流するきっかけがないこと。
イ　なんとなく感じる予感。
ウ　文章がとても上手なこと。
エ　悪い状態をさらに悪化させること。
オ　まったく根拠のないこと。
カ　きわめて用心深いこと。
キ　すらすらとよどみなく話すこと。
ク　気持ちをひきしめて事に当たること。

❸			
❶	❷	❸	❹
❺	❻	❼	❽

各3点

❹ 次の慣用句の（　）に入る適切な語をあとから選び、記号で答えなさい。（下は慣用句の意味。）

❶ （　）が出る…経費が予算をオーバーすること。
❷ （　）にかける…あることについて自慢げに振る舞うこと。
❸ （　）を焼く…対応に手間取ること。
❹ （　）が痛い…核心や弱みを突くことを言われ、つらい様子。

ア　耳　イ　鼻　ウ　手　エ　足

❹			
❶	❷	❸	❹

各4点

テストに出る

慣用句　複数の言葉が決まった組み合わせで結びつき、全体で特定の意味をもつ語句。
例 肩を並べる　水に流す　など

ことわざ　昔から多くの人々の間で言い習わされ、伝えられてきた教訓・知恵・行動指針など。
例 焼け石に水　急がば回れ　など

故事成語　中国で昔から言い伝えられてきた話から生まれた短い言葉。
例 蛇足　四面楚歌《しめんそか》　など

Step 1

和歌の世界――万葉集《まんようしゅう》・古今和歌集《こきんわかしゅう》・新古今和歌集《しんこきんわかしゅう》

15分

1 文章・和歌を読んで、問いに答えなさい。

▼教108ページ5行〜113ページ4行

古今和歌集　仮名序《かなじょ》

A ①やまとうたは、人の心を種として、よろづの言《こと》の葉とぞなれりける。世の中にある人、ことわざ繁《しげ》きものなれば、心に思ふことを、見るもの聞くものにつけて、言《い》ひ出だせるなり。花に鳴くうぐひす、水にすむかはづの声を聞けば、生きとし生けるもの、②いづれか歌をよまざりける。力をも入れずして天地《あめつち》を動かし、目に見えぬ鬼神《おにがみ》をもあはれと思はせ、男女《をとこをんな》のなかをも和らげ、猛《たけ》き武士《もののふ》の心をも慰《なぐさ》むるは歌なり。

万葉集

B ③あしひきの山のしづくに妹《いも》待つと我《あれ》立ち濡《ぬ》れぬ山のしづくに　大津皇子《おおつのみこ》

C 銀《しろかね》も金《くがね》も玉も何せむにまされる宝子にしかめやも　山上《やまのうえの》憶良《おくら》

(1) ――線①「やまとうた」とは、どのようなものですか。次の文の(　)に当てはまる言葉を、十字以内で書きなさい。

世の中の人々が、(　)を言い表したもの。

(2) ――線②「いづれか歌をよまざりける」の意味を次から一つ選び、記号で答えなさい。

ア 誰もが歌を詠《よ》まないことがあろうか、いや、詠むのだ。
イ 誰が歌を詠むだろうか、誰も詠まないのだ。
ウ 誰かが歌を詠んだのだろう、誰かが詠むのだ。

(　)

(3) ――線③「あしひきの」、――線④「多摩川にさらす手作り」に用いられている和歌の技法をそれぞれ次から選び、記号で答えなさい。

ア 枕詞《まくらことば》　イ 序詞《じょことば》
ウ 掛詞《かけことば》　エ 縁語《えんご》

③(　)　④(　)

(4) Cの和歌で、いちばんの「宝」だと思われているものは何ですか。和歌の中から一字で抜き出しなさい。

D　④多摩川《たまがは》にさらす手作りさらさらに何《なに》そこの児《こ》のここだ愛《かな》しき
東歌《あずまうた》

E　父母《ちちはは》が頭《かしら》かき撫《な》で幸《さ》くあれて言ひし言葉《けとば》ぜ忘れかねつる
防人歌《さきもりのうた》

古今和歌集

F　思ひつつ寝《ぬ》ればや人の見えつらむ夢と知りせば覚めざらましを
小野小町《おののこまち》

G　世の中は何か常なるあすか川昨日《きのふ》の淵《ふち》ぞ今日《けふ》は瀬になる
詠《よ》み人知らず

新古今和歌集

H　見わたせば花も紅葉《もみぢ》もなかりけり浦の苫屋《とまや》の秋の夕暮れ
藤原《ふじわらの》定家《さだいえ》

I　⑤玉の緒《を》よ絶えなば絶えねながらへば忍ぶることの弱りもぞする
式子内親王《しょくしないしんのう》

「和歌の世界——万葉集・古今和歌集・新古今和歌集」より

(5)　Gの和歌の掛詞と縁語について、次の文の（　）に当てはまる言葉を、それぞれ漢字二字で答えなさい。
「あすか川」が（　a　）との掛詞で、（　b　）と（　c　）は（　a　）の縁語。

a［　　］　b［　　］　c［　　］

(6)　Fの和歌の句切れをア～エから一つ選び、記号で答えなさい。
思ひつつ(ア)寝ればや人の(イ)見えつらむ(ウ)夢と知りせば(エ)覚めざらましを
（　　）

(7)　——線⑤「玉の緒」とは何ですか。次から一つ選び、記号で答えなさい。
ア　宝　イ　愛情　ウ　生命
（　　）

(8)　次の各文は、B～Iのどの和歌を説明したものですか。
①　わびしく寂しい風景の静寂に心ひかれる気持ちを詠んでいる。
②　恋する人を待ち続けていたのに現れなかった嘆きを詠んでいる。
③　遠く離れた故郷にいる両親を慕わしく思う気持ちを詠んでいる。
①（　　）②（　　）③（　　）

ヒント
(4)　「しかめやも」は「及ぶはずがない」という意味である。
(7)　「玉」は「魂《たましい》」を表す。

Step 1

おくのほそ道

❶ 文章を読んで、問いに答えなさい。

▼教 120ページ上1行～121ページ下17行

月日《つきひ》は

月日は百代《はくたい》の過客《くわかく》にして、行き交ふ年もまた旅人なり。①舟の上に生涯を浮かべ、②馬の口とらへて老いを迎ふる者は、日々旅にして旅をすみかとす。③古人も多く旅に死せるあり。予もいづれの年よりか、片雲《へんうん》の風に誘はれて、漂泊の思ひやまず、海浜《かいひん》にさすらへて、去年《こぞ》の秋、江上《かうしやう》の破屋にくもの古巣を払ひて、やや年も暮れ、春立てるかすみの空に、白河《しらかは》の関越えむと、④そぞろ神《がみ》の物につきて心を狂はせ、道祖神《だうそじん》の招きにあひて、取るもの手につかず。もも引きの破れをつづり、笠《かさ》の緒《を》付け替へて、三里に灸《きう》据ゆるより、松島《まつしま》の月まづ心にかかりて、住めるかたは人に譲りて、杉風《さんぷう》が別墅《べつしよ》に移るに、

草の戸も住み替はる代《よ》ぞひなの家

面《おもて》八句を庵《いほり》の柱に懸け置く。

(1) ――線①「舟の上に生涯を浮かべ」、――線②「馬の口とらへて老いを迎ふる」とありますが、どのような職業ですか。現代語訳からそれぞれ漢字二字で抜き出しなさい。

①

②

(2) ――線③「古人」とありますが、ここではどのような人のことですか。次から一つ選び、記号で答えなさい。

ア 古い友人　イ 昔の詩人　ウ 年老いた人

(3) ――線④「そぞろ神の物につきて心を狂はせ」とありますが、どういうことですか。次から一つ選び、記号で答えなさい。

ア 白河の関を越えるよう神のお告げがあったということ。
イ 旅に出たいという気持ちが募ってきたということ。
ウ 江上の破屋がなんとなく落ち着かないということ。

(4) 作者が旅に出る準備として行った行動を三つ、現代語で具体的に答えなさい。

15分

〈現代語訳〉

月日は永遠の旅人のようなものであって、来ては去り、去っては来る年もまた旅人である。(船頭として)舟の上で働いて一生を送り、(馬方として)馬のくつわを引いて年をとっていく人々は、毎日が旅であり、旅を住まいとしている。昔の人の中にも、多く、旅の途中で亡《な》くなった人がいる。私もいつの頃からか、ちぎれ雲が風に誘われていくように、さすらいの思いがやまず、(近年は)海辺の道をさまよい歩き、去年の秋、(隅田《すみだ》)川のほとりの粗末な家屋に(帰って、)留守中に張ったくもの巣を払って、やがて年も暮れ、春がすみの立ちこめる空のもとで、白河の関を越えたいと、そぞろ神が乗り移って心をそわそわさせ、道祖神が手招きをしているような気がして、取るものも手につかない。もも引きの破れを繕い、笠のひもを付け替えて、三里に灸を据えて(旅支度をして)いると、松島の月はどんなだろうかとまず気にかかって、今まで住んでいた家は人に譲り、杉風の別荘に移るにあたって、

草の戸も住み替はる代ぞひなの家

(この句を発句《ほっく》とした)面八句を(記念として)庵の柱にかけておいた。

松尾　芭蕉「おくのほそ道」より

(5)「草の戸も」の句について答えなさい。

❶ 季語を抜き出し、その季節を漢字一字で答えなさい。

季語（　　）　季節（　　）

❷ 切れ字を抜き出しなさい。（　　）

❸ 作者の気持ちに当てはまるものを次から一つ選び、記号で答えなさい。（　　）

ア　この簡素な家にも雛《ひな》人形を飾るような家族が住むのだろうか。
イ　住み替えたこの質素で粗末な家に、雛人形を飾ってみよう。
ウ　この雛人形を飾ってある家も、住み替わる時がきたのだなあ。

ヒント

(3)「そぞろ神」とは「なんとなく人の心をそわそわさせる神」。作者は、何をしたくてそわそわしているのだろうか。

(4) 三つの行動がひと続きで述べられている。「もも引きの破れ」「笠の緒」「灸」の三つについて読み取る。現代語で書くことに注意しよう。

Step 2 おくのほそ道

20分
／100
目標 75点

1 文章を読んで、問いに答えなさい。思

▼教 122ページ1行～124ページ9行

平泉《ひらいづみ》

三代の栄耀《えいえう》一睡のうちにして、大門《だいもん》の跡は①一里こなたにあり。秀《ひで》衡《ひら》が跡は田野《でんや》になりて、金鶏山《きんけいざん》のみ形を残す。まづ高館《たかだち》に登れば、北上川《きたかみがは》南部より流るる大河なり。衣川《ころもがは》は和泉《いづみ》が城《じやう》を巡りて、高館の下《もと》にて大河に落ち入る。泰衡《やすひら》らが旧跡は、衣《ころも》が関《せき》を隔てて南部口をさし固め、蝦夷《えぞ》を防ぐと見えたり。さても義臣すぐつてこの城にこもり、功名一時《いちじ》の草むらとなる。国破れて山河あり、城春にして草青みたりと、笠《かさ》うち敷きて時の移るまで涙を落としはべりぬ。

夏草やつはものどもが夢の跡

卯《う》の花に兼房《かねふさ》見ゆるしらがかな　曾良《そら》

かねて耳驚かしたる二堂開帳す。経堂《きやうだう》は三将の像を残し、光堂《ひかりだう》は三代の棺《ひつぎ》を納め、三尊《さんぞん》の仏を安置す。七宝《しつぽう》散りうせて②玉の扉風に破れ、金《こがね》の柱霜雪《さうせつ》に朽ちて、既に頽廃空虚《たいはいくうきよ》の草むらとなるべきを、四面新たに囲みて、甍《いらか》を覆ひて風雨をしのぎ、しばらく千歳《せんざい》の記念《かたみ》とはなれり。

(1) ——線①「一里こなたに」の意味を現代語で答えなさい。（「一里」はそのまま使ってよい。）

(2) 「夏草や」の句には、作者のどのような思いがこめられていますか。次の文の（　）に当てはまる言葉を、文章中から抜き出しなさい。

人が（ a ）を誇っても、永遠の時の流れの中では（ b ）の夢に過ぎず、その（ c ）も今はなく、（ d ）だけが残り、むなしさを感じる。

(3) 「卯の花に」の句で、作者は「卯の花」から何を連想していますか。

(4) ——線②「玉の扉風に破れ、金の柱霜雪に朽ちて」に用いられている表現技法を何といいますか。漢字二字で答えなさい。

点UP

(5) 「五月雨の」の句はどういう情景を詠《よ》んでいますか。句の内容をふまえて説明しなさい。

(6) ——線③「一見すべきよし、人々の勧むるによりて」の意味を現代語で答えなさい。

(7) 「閑かさや」の句の説明として、最も適切なものを次から一つ選び、記号で答えなさい。

ア　鳴く蝉の生命力を山寺の静けさが際立たせている。
イ　静かな山寺で急に蝉が鳴き始めて作者は驚いている。
ウ　蝉の声も作者の心も山寺の静寂の中にとけ入っている。

五月雨《さみだれ》の降り残してや光堂

立石寺《りふしやくじ》

山形領に立石寺といふ山寺《やまでら》あり。慈覚大師《じかくだいし》の開基にして、殊に清閑の地なり。③一見すべきよし、人々の勧むるによりて、尾花沢《をばねざは》よりとつて返し、その間《あひ》七里ばかりなり。
日いまだ暮れず。麓の坊に宿借り置きて、山上の堂に登る。岩に巌《いはほ》を重ねて山とし、松柏年《しようはくとし》ふり、土石老いて、苔《こけ》滑らかに、岩上《がんしやう》の院々扉を閉ぢて物の音聞こえず。岸を巡り岩を這《は》ひて、仏閣を拝し、佳景寂寞《じやくまく》として心澄みゆくのみおぼゆ。

閑《しづ》かさや岩にしみ入る蝉《せみ》の声

松尾　芭蕉「おくのほそ道」より

❷ ——線のカタカナを漢字で書きなさい。

❶ ショウガイ現役を目ざす。
❷ 弟に服をユズる。
❸ 友人を旅行にサソう。
❹ 湖畔のベッソウ。

❶							❷	
(1)	(2)	(3)	(4)	(5)	(6)	(7)	❶	❸
	a							
	b						❷	❹
	c							
	d							
5点	各5点	10点	5点		20点	10点 10点		各5点

成績評価の観点　思…思考・判断・表現

Step 2

言葉発見④

（和歌の世界〜言葉発見④）

20分

/100
目標 75点

1 ――線の漢字の読み仮名を書きなさい。

① 古今和歌集
② 精霊の物語。
③ 和やかな雰囲気。
④ 険しい崖を登る。
⑤ 民謡を歌う。
⑥ 粗末な食事。
⑦ 舟で川を渡る。
⑧ 財産を譲渡する。
⑨ 命を懸ける。
⑩ 古都を巡る。
⑪ 扉を閉める。
⑫ 清閑とした森。
⑬ 麓の村を訪ねる。
⑭ 表面が滑らかだ。
⑮ 佳景寂寞《じゃくまく》

1 各2点

①	②	③	④
⑤	⑥	⑦	⑧
⑨	⑩	⑪	⑫
⑬	⑭	⑮	

2 カタカナを漢字に直しなさい。

① 痛みがヤワらぐ。
② コいこがれる。
③ カシラ文字を書く。
④ 支店にハケンする。
⑤ 川のアサセ。
⑥ ウラカゼが吹く。
⑦ 苦難にタえる。
⑧ ユウワクに勝つ。
⑨ ヒョウハクの詩人。
⑩ お灸《きゅう》をスえる。
⑪ 花をカザる。
⑫ 名所キュウセキ
⑬ シートをシく。
⑭ 屋根をオオう。
⑮ 旅館にトまる。

2 各2点

①	②	③	④
⑤	⑥	⑦	⑧
⑨	⑩	⑪	⑫
⑬	⑭	⑮	

3 ――線の言葉を現代の仮名遣いに直し、全て平仮名で書きなさい。

1 花に鳴くうぐひす

2 水にすむかはづ

3 花ぞ昔の香《か》ににほひける

4 昨日《きのふ》の淵《ふち》ぞ今日《けふ》は瀬になる

5 花も紅葉《もみぢ》もなかりけり

6 ゆくへも知らぬわが思ひかな

7 百代《はくたい》の過客《くわかく》にして、

8 扉を閉ぢて物の音聞こえず。

3		
1	4	7
2	5	8
3	6	各3点

4 ――線の言葉（古語）の意味として適切なものを、それぞれあとから選び、記号で答えなさい。

1 目に見えぬ鬼神《おにがみ》をもあはれと思はせ、

ア おもしろい。　イ 感動的だ。　ウ かわいそうだ。

2 心もしのに古《いにしへ》思ほゆ

ア 遠い昔のこと。　イ 昔の書物。　ウ 思い出。

4
1
2
各8点

テストに出る

和歌の技法

枕詞《まくらことば》	きまった言葉の前におかれ、その言葉を修飾したり調子を整えたりする言葉。 例 あしひきの↓山　ひさかたの↓光・空・日
序詞《じょことば》	ある語句を導き出す言葉。枕詞より長い。 例 結ぶ手の滴《しづく》ににごる山の井のあかでも人に別れぬるかな
掛詞《かけことば》	一つの言葉に二つ以上の意味をかけている言葉。 例 あすか川の「あす」・明日（あす） かれ…（人目が）離《か》れる・（草が）枯《か》れる
縁語《えんご》	一つの言葉に縁のある言葉。 例 緒…絶え・ながらへ・弱り

Step 1

論語／漢文の読み方

15分

❶ 文章を読んで、問いに答えなさい。

▼㊙132ページ5行～133ページ10行

A 子《し》曰《い》はく、「吾《われ》十有五《じふいうご》にして学に志す。三十にして立つ。四十にして惑はず。五十にして天命を知る。六十にして①耳順《したが》ふ。七十にして心の欲《ほつ》する所に従へども、矩《のり》を踰《こ》えず。」と。

子曰ハク、「吾十有五ニシテ而志ス二于学一ニ。三十ニシテ而立ツ。四十ニシテ而不ずレ惑ハ。五十ニシテ而知ル二天命一ヲ。六十ニシテ而耳順フ。七十ニシテ而従ヘドモ二心ノ所レ欲スル一ニ、不レ踰エ矩ヲ。」

（為政《いせい》）

B 子曰はく、「②故《ふる》きを温めて新しきを知る。以《もつ》て師と為《な》るべし。」と。

子曰ハク、「温メテレ故キヲ而知ルレ新シキヲ。可ベシト二以テ為ル一レ師ト矣。」

（為政）

C 子曰はく、「己《おのれ》の欲せざる所、人に施すこと勿《な》かれ。」と。

子曰ハク、「己ノ所レ不ざルレ欲セ、勿カレレ施スコト二於人一ニ。」

（衛霊公《えいれいこう》）

(1) 漢文について説明した次の文の（　）に当てはまる言葉をあとから選び、記号で答えなさい。

漢字だけの文章を（ a ）、読む順序を示した返り点などがつけられたものを（ b ）、日本語の文章として書き改められたものを（ c ）という。

ア 訓読文　イ 白文　ウ 書き下し文

a（　）　b（　）　c（　）

(2) ――線①「耳順ふ」の意味を次から一つ選び、記号で答えなさい。

ア 自分の話に誰もが耳を傾ける。
イ 誰の話すこともよく理解できる。
ウ 他人の意見を素直に聞き入れる。

（　）

(3) ――線②「故きを温めて新しきを知る」について答えなさい。

❶ 「故きを温めて」の意味を次から一つ選び、記号で答えなさい。

ア 他人の失敗を教訓として忘れず覚えていて
イ 昔の書物や教えについてしっかり研究して
ウ 問題が起きたときに対処のしかたを考えて

（　）

D　子曰はく、「学びて時に之《これ》を習ふ、亦《また》説《よろこ》ばしからずや。
朋《とも》、遠方より来たる有り、亦楽しからずや。
人知らずして慍《うら》みず、亦君子ならずや。」と。

子曰ハク、「学ビテ而時ニ習フ㆑之ヲ、不㆓亦説バシカラ㆒乎ヤ。
有リ㆘朋、自リ㆓遠方㆒来タル㆖、不㆓亦楽シカラ㆒乎。
人不シテ㆑知ラ而不㆑慍ミ、不㆓亦君子ナラ㆒乎ト。」

（学而《がくじ》）

「論語」より

❷ 「故きを温めて新しきを知る」ことができる人は、どのようなことができると述べていますか。現代語で答えなさい。

(4) Cで、「子」がいいたいのはどのようなことですか。次から一つ選び、記号で答えなさい。

ア 自分が嫌だと思うことは他人にしてはいけない。
イ 常に自分を抑え他人のことを考えなければいけない。
ウ 他人にしてあげることに見返りを求めてはいけない。

(5) ——線③「之」はどのようなことを指していますか。

(6) ——線④「君子」とありますが、Dで「子」が「君子」だというのは、どのような人ですか。簡潔に書きなさい。

ヒント

(3) ❷続いて「以て師と為るべし」とあることに注目しよう。「以て」は「そのことで」という意味。「べし」は可能を表す。

(6) 「君子」とは人格者のこと。「人知らず」は「人が自分を知らない」という意味である。

Step 2 漢字を身につけよう⑤

（論語～漢字を身につけよう⑤）

20分

/100

目標 75点

❶ ──線の漢字の読み仮名を書きなさい。

① 管轄する区域。
② 閣僚が集まる。
③ 大臣を罷免する。
④ 大統領官邸
⑤ 派閥に入る。
⑥ 東京の緯度を測る。
⑦ 日本発祥のアニメ。
⑧ 原因を詮索する。
⑨ 貝塚を調べる。
⑩ 儒教が伝わる。
⑪ 禅宗の寺。
⑫ 屋根の瓦。
⑬ 洞窟を探検する。
⑭ 呪文を唱える。
⑮ 怨念を晴らす。

❶

①	⑤	⑨	⑬
②	⑥	⑩	⑭
③	⑦	⑪	⑮
④	⑧	⑫	

各2点

❷ カタカナを漢字に直しなさい。

① 親方のデシ。
② エイキョウがある。
③ 難問にトマドう。
④ 十五サイになる。
⑤ キソ工事が始まる。
⑥ スナオな子供。
⑦ 修正をホドコす。
⑧ 野球チュウケイ
⑨ カンコク旅行
⑩ コフンを発掘する。
⑪ ヤヨイ時代の墓。
⑫ 既成ガイネン
⑬ 徳のあるメイソウ。
⑭ ヘキガを描く。
⑮ 運命をノロう。

❷

①	⑤	⑨	⑬
②	⑥	⑩	⑭
③	⑦	⑪	⑮
④	⑧	⑫	

各2点

3
――線の漢字の読み仮名（特別な読み）を書きなさい。⑥・⑧は平仮名も含めて書きなさい。

① 芝生の庭がある大きな邸宅。
② 白髪交じりの姿を嘆く。
③ 秋を彩《いろど》る紅葉の木。
④ 早乙女たちが田植えをする。
⑤ 波止場の近くの店に行く。
⑥ お巡りさんが迷子を保護する。
⑦ 小さなヨットで大海原に乗り出す。
⑧ 差し支えのある話はしない。
⑨ 木綿のハンカチーフを買う。
⑩ 田に早苗を植える。

3		
①	⑤	⑧
②	⑥	
③		⑨
④	⑦	⑩

各2点

4
次の漢文について、読む順に□に番号を書きなさい。

① 不《ず》レ踰《こ》エレ矩《のり》ヲ。
② 知ル二天命ヲ一。
③ 従ヘドモ二心ノ所ニレ欲《ほっ》スル
④ 有リ下朋《とも》、自《よ》リ二遠方一来タル上。

4
① 不レ踰エレ矩ヲ。
② 知ル二天命ヲ一。
③ 従ヘドモ二心ノ所ニレ欲スル
④ 有リ下朋、自リ二遠方一来タル上。

各完答5点

テストに出る

漢文の読み方

●白文…漢字だけで書かれた中国の文章。

←（日本語として読む。）

●訓読文…訓点をつけられた文書。
→返り点・送り仮名・句読点

←

●書き下し文…漢字仮名交じりの日本語の文章。「不《ず》」「可《べし》」などの助動詞は平仮名で書く。

●返り点
レ点…一字だけ上の字に返る。
一・二点…数字のついた字に順に返る。
上・下点…上中下のついた字に順に返る。

●置き字…訓読で読まない字。例「而」など。

Step 1

情報社会を生きる
——メディア・リテラシー

15分

❶ 文章を読んで、問いに答えなさい。

▼㊙144ページ5行～147ページ3行

①メディア・リテラシーとは、メディアの特性や社会的な意味を理解し、メディアが送り出す情報を「構成されたもの」として建設的に「批判」する能力である。と同時に、自らの考えなどをメディアを使って表現し、社会に向けてコミュニケーションを図ることで、メディア社会と積極的につき合うための能力でもある。言いかえれば、メディアが形づくる「現実」を批判的に読み取るとともに、メディアを使って効果的に表現していく総合的な能力といってもよいだろう。

メディア・リテラシーの重要なポイントは、メディアから送り出される情報は②現実そのものではなく、「送り手の観点から捉えたものの見方だ」という点にある。

ニュース報道を例に取ってみよう。ニュースは、私たちが政治・経済の動きや海外の動向をチェックするうえで重要な役割を果たしているが、もちろん③そこで取り上げられているのは、社会をそのまま鏡のように映し出したものではない。ニュースといえども、どんなテーマをどんな視点から取り上げ、誰に取材し、コメントのどんな部分をどう使って、どのように構成するのかによって、受け手にとっての見え方は変わってくる。

報道は、関係者や専門家の意見を交えて事件やできごとを説明す

(1) ——線①「メディア・リテラシー」とは、どのような能力ですか。それをまとめた部分を五十一字で探し、初めと終わりの五字を抜き出しなさい。

□□□□□ ～ □□□□□

(2) ——線②「現実そのもの」とありますが、これを別の言葉で言い表した部分を文章中から十九字で探し、初めと終わりの五字を抜き出しなさい。

□□□□□ ～ □□□□□

(3) ——線③「そこ」は何を指していますか。文章中から六字で抜き出しなさい。

□□□□□□

(4) ——線④「制作過程における情報の取捨選択や編集機能」に当てはまらないものを次から一つ選び、記号で答えなさい。

ア ニュースについて誰に取材するかを決めること。
イ ニュースにつけるタイトルや見出しを考えること。
ウ ニュースを聞いて多様な受け止め方ができること。

（　　）

ることも多いが、その人が「当事者」なのか否かや、「賛成者」なのか「反対者」なのかをみると、伝えられた情報がどんな視点から切り取られたかがわかる。また、そのニュースにどんなタイトルや見出しをつけているか、どんな映像や写真を組み合わせているかに目を向けると、送り手はどのようなものの見方を伝えようとしているかが捉えやすくなる。こうした、④制作過程における情報の取捨選択や編集機能が理解できれば、メディアが伝えていることは世の中のほんの一面であること、それらは多様な受け止め方が可能であることがわかる。そう認識することで、メディアの情報をうのみにせず、冷静に判断することもできるというわけだ。

私たちは、ふだん、何か新しいことを知るためや、疑問を解決するため、考える材料を得るためなどに、メディアを活用して情報を集めている。その際、どんな立場から、どんな情報源を使って発信されているか、なぜそうしているのかなどについて、積極的に読み解いていくことが重要だ。そして、⑤できる限り多様なメディアからの多様な情報を収集・分析・吟味することをとおして、主体的に情報を再構成していくことが求められる。

現在は、情報通信システムの発展により、誰もが情報を発信できる時代になっている。これからは、受け手としてあらゆるタイプの⑥情報と前向きにつき合うためだけでなく、送り手として効果的にメッセージを送り出すためのメディア・リテラシーがますます必要になってくる。

菅谷　明子「情報社会を生きる――メディア・リテラシー」
〈『メディア・リテラシー――世界の現場から――』を書き改めたもの〉より

(5)　――線⑤「できる限り多様なメディアからの多様な情報を収集・分析・吟味する」とありますが、なぜそうする必要があるのですか。次から一つ選び、記号で答えなさい。

ア　それぞれの報道によって情報の切り取り方が違うので、多くのメディアから情報を得ないと全体像がつかめないから。

イ　ラジオは音だけ、書籍は文字だけ、など一つのメディアの限られた伝達方法だけでは、十分な情報が得られないから。

ウ　複数の事件は、一つのニュースで全部を伝えきれないので、多くのメディアから多量の情報を得る必要があるから。

(6)　――線⑥「情報と前向きにつき合う」とはどういうことですか。次から一つ選び、記号で答えなさい。

ア　メディアを活用し効果的にメッセージを送り出すこと。

イ　暗いニュースにも落胆せず何かを学ぶ姿勢を保つこと。

ウ　情報をうのみにせず積極的に読み解き理解すること。

ヒント

(1)　文章の第一文の「『批判』する能力」と第二文の「つき合うための能力」とは「と同時に」で結ばれており、どちらか一つでは不十分。「言いかえれば」で一つにまとめられていることに注目しよう。

(3)　指示語の指すものはまず前を探す。「六字」の指定に注意する。

Step 2

文法の窓／漢字を身につけよう⑥
（情報社会を生きる～漢字を身につけよう⑥）

20分

／100
目標 75点

1 ——線の漢字の読み仮名を書きなさい。

① 恣意的な案だ。
② 服を割賦で買う。
③ 詳細な約款。
④ 証拠を隠蔽する。
⑤ 信用が失墜する。
⑥ 名誉毀損となる。
⑦ 賠償責任がある。
⑧ 法曹界に入る。
⑨ 会社の重鎮。
⑩ 来年恩赦がある。
⑪ 猟銃を撃つ。
⑫ 賭けごとはしない。
⑬ 形骸化した制度。
⑭ 専ら家にいる。
⑮ 貴い命を守る。

1			
①	⑤	⑨	⑬
②	⑥	⑩	⑭
③	⑦	⑪	⑮
④	⑧	⑫	

各2点

2 カタカナを漢字に直しなさい。

① サッカクを覚える。
② コウレイの祖母。
③ 取捨センタクする。
④ 意図をハアクする。
⑤ お金をカセぐ。
⑥ 調査をサマタげる。
⑦ 答えをシサする。
⑧ ソショウを起こす。
⑨ 重いケイバツ。
⑩ 執行ユウヨがつく。
⑪ 進路ボウガイ
⑫ 被害をウッタえる。
⑬ 給料はブ合《あい》制だ。
⑭ イチジルしい進歩。
⑮ リョカクキに乗る。

2			
①	⑤	⑨	⑬
②	⑥	⑩	⑭
③	⑦	⑪	⑮
④	⑧	⑫	

各2点

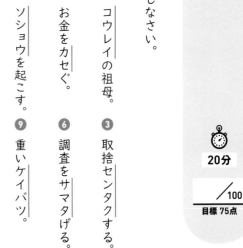

❸ ――線の語句の意味をあとから選び、記号で答えなさい。

❶ 技術の革新が起こる。

❷ メディアが媒介する。

❸ 恣意的な情報を伝える。

❹ 情報を吟味する。

❺ 割賦で購入する。

❻ 約款の違反に当たる。

❼ 法曹界に興味をもつ。

❽ 制度の形骸化を防ぐ。

ア 念入りによく調べること。
イ 自分の思うようにする様子。
ウ 何回かに分けて支払う方法。
エ 法律に携わる人たちの社会。
オ 制度や習慣などを変えること。
カ 条約や契約などで決められている項目。
キ 形式だけが残って内容がなくなること。
ク 二つのものの間をとりもつこと。

❸				
	❶	❷	❸	❹
	❺	❻	❼	❽

各3点

❹ 次の各文の（　）に当てはまる言葉をあとから選び、記号で答えなさい。

❶ 十月の完成（　）工事が進められている。

❷ 校則（　）生徒会長の選挙を実施します。

❸ ごみは地域のルールに従って出す（　）。

❹ 曇ってきたので午後から雨が降る（　）。

ア に基づいて　イ にちがいない

ウ に向けて　エ べきだ

❹				
	❶	❷	❸	❹

各4点

テストに出る

● **助詞や助動詞に相当する語句**

複数の語が連なって、一つの助詞や助動詞と同じようなはたらきをするものがある。

助詞に相当する語句	例「に対して」「において」「によって」「につれて」「とともに」「に基づいて」「にもかかわらず」など
助動詞に相当する語句	例「ほうがよい」「てはいけない」「かもしれない」「てもよい」「ものだ」「べきだ」「ざるをえない」など

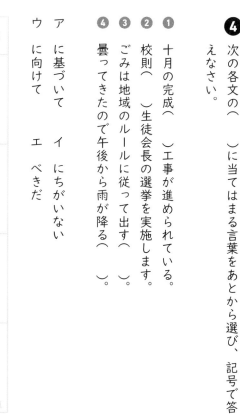

Step 2

初恋

20分

／100

目標 75点

❶ 詩を読んで、問いに答えなさい。思

初恋　島崎《しまざき》　藤村《とうそん》

①まだあげ初めし前髪の
林檎《りんご》のもとに見えしとき
前にさしたる花櫛《はなぐし》の
花ある君と思ひけり

やさしく白き手をのべて
林檎をわれにあたへしは
薄紅《うすくれなゐ》の秋の実に
②人こひ初めしはじめなり

③わがこころなきためいきの
その髪の毛にかかるとき
たのしき恋の盃《さかづき》を
君が情《なさけ》に酌《く》みしかな

▼教156ページ1行～157ページ8行

(1) ――線①「まだあげ初めし前髪」は、「君」のどんなことを表していますか。次から一つ選び、記号で答えなさい。

ア　大人っぽさ　イ　初々しさ　ウ　幼さ

(2) ――線②「人こひ初めしはじめなり」とありますが、「われ」が恋心を自覚するきっかけとなったのは、「君」のどのような行為ですか。詩の中から抜き出しなさい。

(3) ――線③「わがこころなきためいき」とありますが、どのようなためいきですか。次から一つ選び、記号で答えなさい。

ア　「君」のつれなさに対する絶望から出たためいき。
イ　「君」の気を引くためにわざとついて見せたためいき。
ウ　「君」を思うあまり自然にもれてしまったためいき。

(4) ――線④「おのづからなる細道」とありますが、これはどのようにしてできた「細道」ですか。簡潔に書きなさい。

(5) ――線⑤「問ひたまふこそこひしけれ」とありますが、このような感情が生まれたのは、「君」の問いかけがどんなものであったからですか。次から一つ選び、記号で答えなさい。

ア　無邪気なたわむれのような問いかけ。
イ　あまりに幼稚でこっけいな問いかけ。
ウ　大人びていて答えに困る問いかけ。

点UP

(6) この詩には「林檎」という言葉が繰り返し出てきますが、どのような効果がありますか。

林檎畠《ばたけ》の樹《こ》の下《した》に
④おのづからなる細道は
誰《た》が踏みそめしかたみぞと
⑤問ひたまふこそこひしけれ

〈『日本の詩歌1　島崎藤村』〉より

(7) この詩の形式について説明した次の文の、（　　）に当てはまる言葉を書きなさい。
（　a　）（昔の言葉）を用いて、（　b　）調のリズムで作られている、（　c　）語（　d　）詩である。

❶

(1)	(2)	(3)	(4)	(5)	(6)	(7)
						a　b　c　d
10点	15点	10点	15点	10点	20点	各5点

成績評価の観点　思…思考・判断・表現

Step 2

言葉発見⑤
（初恋〜言葉発見⑤）

20分

/100
目標 75点

❶ ――線の漢字の読み仮名を書きなさい。

① 夜空が明け初める。
② 前髪をそろえる。
③ 特徴を挙げる。
④ 日本語に翻訳する。
⑤ 若い頃の写真。
⑥ 周りに配慮する。
⑦ 大事な事柄。
⑧ 状況を伝える。
⑨ 意思を尊重する。
⑩ 宝物を拝見する。
⑪ 大会を開催する。
⑫ 友人と疎遠になる。
⑬ 先生に挨拶する。
⑭ 身振りを入れる。
⑮ 予定を変更する。

❶
① ② ③ ④ ⑤ ⑥ ⑦ ⑧ ⑨ ⑩ ⑪ ⑫ ⑬ ⑭ ⑮
各2点

❷ カタカナを漢字に直しなさい。

① 切ないコイ。
② 雪をフみ固める。
③ 曲にカシをつける。
④ ハイクを作る。
⑤ ナミダをこぼす。
⑥ 仮名ヅカいを誤る。
⑦ 答えがチガう。
⑧ 援助をタノむ。
⑨ ミスをアヤマる。
⑩ キョリを測る。
⑪ いたずらにオコる。
⑫ メイワクな行為。
⑬ 道をタズねる。
⑭ 師にカンシャする。
⑮ 目にウツる景色。

❷
① ② ③ ④ ⑤ ⑥ ⑦ ⑧ ⑨ ⑩ ⑪ ⑫ ⑬ ⑭ ⑮
各2点

❸ ――線を、それぞれの場面に応じた適切な言葉に直して書きなさい。

❶ 「校長先生が言ったとおりです。」

❷ （路上でお年寄りに対して）
「何か困ってるの。」

❸ （大勢が集まった場で）
「今日はこの会場に集まってくれてありがとうございます。」

❹ （問い合わせの電話で）
「模試の申し込みについて聞きたいのだけど。」

❺ （けんかをした相手と間をおいているとき）
「私はあなたが嫌いなんじゃないよ。」

❸	
❶	
❷	
❸	
❹	
❺	各4点

❹ 次の場合に、相手に配慮した表現とするには、どのように言えばよいですか。考えて書きなさい。

❶ 先生にたくさんの資料を運ぶよう言われ、友達に手伝いをお願いする。

❷ 図書館で学校司書に、「夏目《なつめ》漱石《そうせき》全集」のある場所をたずねる。

❹	
❶	10点
❷	10点

テストに出る

● 敬語

尊敬語	相手の動作について述べるときに用いる。「お～になる・ご～になる」／「れる・られる」／特別な言葉
謙譲語	自分や自分の身内について述べるときに用いる。「お～する・ご～する」／特別な言葉
丁寧語	丁寧な言葉づかい。「～です・～ます」

Step 1

故郷

15分

1 文章を読んで、問いに答えなさい。

▼教 166ページ1行〜167ページ11行

閏土《ルントー》はまた言うのだ。

「今は寒いけどな、夏になったら、おいらとこへ来るといいや。おいら、昼間は海へ貝殻拾いに行くんだ。赤いのも、青いのも、なんでもあるよ。『鬼おどし』もあるし、『観音《かんのん》様の手』もあるよ。晩には父ちゃんとすいかの番に行くのさ。おまえも来いよ。」

「泥棒の番？」

「そうじゃない。通りがかりの人が、喉が渇いてすいかを取って食ったって、そんなの、おいらとこじゃ泥棒なんて思やしない。番するのは、穴熊や、針ねずみや、猹《チャー》さ。月のある晩に、いいかい、ガリガリって音がしたら、猹がすいかをかじってるんだ。そうしたら手にさすまたを持って、忍び寄って……。」

　そのとき私はその「猹」というのがどんなものか、見当もつかなかった——①今でも見当はつかない——が、ただなんとなく、小犬のような、そして獰猛《どうもう》な動物だという感じがした。

「かみつかない？」

「さすまたがあるじゃないか。忍び寄って、猹を見つけたら突くのさ。あんちくしょう、りこうだから、こっちへ走ってくるよ。そうして股をくぐって逃げてしまうよ。なにしろ毛が油みたいにすべっこくて……。」

(1) ——線①「今でも見当はつかない」とありますが、ここからどんなことがわかりますか。次から一つ選び、記号で答えなさい。

ア　猹は現実にはいない動物で、閏土はうそをついていた。

イ　閏土と「私」は、今も昔も生活環境がまったく違う。

ウ　「私」は、今はもう閏土の生活や猹に関心がない。

(　　)

(2) ——線②「こんな危険な経歴」とありますが、どのようなことを指していますか。次の文の(　)に当てはまる言葉を、文章中から指定の字数で抜き出しなさい。

　喉が渇いた(a 七字)に食われたり、(b 二字)や(c 四字)や猹にかじられたりする危険をくぐり抜けてきたということ。

a

b

c

(3) ——線③「私はすいかと……思っていた」とありますが、ここから、「私」はどのような生活であったとわかりますか。文章中から二十四字で探し、初めと終わりの五字を抜き出しなさい。

〜

こんなにたくさん珍しいことがあろうなど、それまで私は思ってもみなかった。海には、そのような五色の貝殻があるものなのか。すいかには、②こんな危険な経歴があるものなのか。③私はすいかといえば、果物屋に売っているものとばかり思っていた。

「おいらとこの砂地では、高潮の時分になると『跳ね魚』がいっぱい跳ねるよ。みんなかえるみたいな足が二本あって……。」

④ああ、閏土の心は神秘の宝庫で、私の遊び仲間とは大違いだ。こんなことは私の友達は何も知ってはいない。閏土が海辺にいるとき、彼らは私と同様、高い塀に囲まれた中庭から四角な空を眺めているだけなのだ。

惜しくも正月は過ぎて、閏土は家へ帰らねばならなかった。別れがつらくて、私は声をあげて泣いた。閏土も台所の隅に隠れて、嫌がって泣いていたが、とうとう父親に連れていかれた。そのあと、彼は父親にことづけて、貝殻をひと包みと、美しい鳥の羽を何本か届けてくれた。私も、一、二度なにか贈り物をしたが、それきり顔を合わす機会はなかった。

今、母の口から彼の名が出たので、この子供の頃の思い出が、電光のように一挙によみがえり、⑤私はやっと美しい故郷を見た思いがした。私はすぐこう答えた。

「そりゃいいな。で――今、どんな?……」

「どんなって……やっぱり、楽ではないようだが……。」そう答えて母は、戸外へ目をやった。

魯　迅／竹内　好　訳「故郷」〈『魯迅文集　第一巻』〉より

(4) ――線④「ああ、閏土の心は神秘の宝庫で」とありますが、この表現から、「私」のどのような気持ちがわかりますか。次から一つ選び、記号で答えなさい。

ア 自然の中で生き生きと暮らしている閏土に感動する気持ち。

イ 獰猛な動物の話を楽しそうに話す閏土にあきれる気持ち。

ウ 神秘的な自然を誇らしく話す閏土をからかう気持ち。

(5) ――線⑤「私はやっと……思いがした」とありますが、なぜですか。次から一つ選び、記号で答えなさい。

ア 閏土がくれた貝殻や鳥の羽の美しさを思い出し、美しい物がある故郷を感じたから。

イ 閏土との具体的な思い出に、ようやく故郷の美しさを感じることができたから。

ウ 貧しく暮らす閏土を母が気にかけていることに、美しい故郷のつながりを感じたから。

ヒント

(1) 「そのとき私は……見当もつかなかった」とあるのはなぜか考えよう。「私」は「猹」を見たことがなかったし、今もない。

(4) 「こんなにたくさん……思ってもみなかった」「海には……あるものなのか」「すいかには……あるものなのか」から読み取る。

「ああ」は感嘆詞だね。どんな気持ちを表しているかな。

Step 2

故郷①

20分

/100

目標 75点

❶ 文章を読んで、問いに答えなさい。思

▼教 169ページ12行〜171ページ5行

ある寒い日の午後、私は食後の茶でくつろいでいた。表に人の気配がしたので、振り向いてみた。思わずあっと声が出かかった。急いで立ち上がって迎えた。

来た客は閏土《ルントー》である。ひとめで閏土とわかったものの、その閏土は、①私の記憶にある閏土とは似もつかなかった。背丈は倍ほどになり、昔の艶のいい丸顔は、今では黄ばんだ色に変わり、しかも深いしわがたたまれていた。目も、彼の父親がそうであったように、周りが赤く腫れている。私は知っている。海辺で耕作する者は、一日中潮風に吹かれるせいで、よくこうなる。頭には古ぼけた毛織りの帽子、身には薄手の綿入れ一枚、全身ぶるぶる震えている。紙包みと長いきせるを手に提げている。その手も、私の記憶にある血色のいい丸々した手ではなく、太い、節くれだった、しかもひび割れた、松の幹のような手である。

私は感激で胸がいっぱいになり、しかし②どう口をきいたものやら思案がつかぬままに、ひと言、

「ああ、閏《ルン》ちゃん——よく来たね……。」

続いて③言いたいことが、あとからあとから、数珠《じゅず》つなぎになって出かかった。角鶏《チアオチー》、跳ね魚、貝殻、猹《チャー》……だがそれらは、何かでせき止められたように、頭の中を駆け巡るだけで、口からは出なかっ

(1) ——線①「私の記憶にある閏土」とありますが、その姿を描写した部分を、文章中から二つ抜き出しなさい。

(2) やってきた閏土の手について、「私」はどのように思いましたか。文章中から比喩表現を抜き出しなさい。

(3) ——線②「どう口をきいたものやら思案がつかぬままに」とありますが、「私」はなぜこのように戸惑ったのですか。簡潔に答えなさい。

(4) ——線③「言いたいこと」とありますが、「私」が閏土と話したかったのは、どのようなことですか。次から一つ選び、記号で答えなさい。

ア 自分が帰郷した理由。
イ 現在の閏土の暮らし。
ウ 昔の懐《なつ》かしい思い出。

(5) ——線④「喜びと寂しさ」とありますが、閏土はどのようなことにA「喜び」とB「寂しさ」を感じたのですか。それぞれ簡潔に書きなさい。

点UP

(6) ——線⑤「悲しむべき厚い壁が、二人の間を隔ててしまった」とありますが、どういうことですか。説明しなさい。

(7) ——線⑥「まあ、なんだってそんな、他人行儀にするんだね」とありますが、母がこのように言うのは、閏土のどのようなことからですか。

た。

彼は突っ立ったままだった。④喜びと寂しさの色が顔に現れた。唇が動いたが、声にはならなかった。最後に、恭《うやうや》しい態度に変わって、はっきりこう言った。

「だんな様！……。」

私は身震いしたらしかった。⑤悲しむべき厚い壁が、二人の間を隔ててしまったのを感じた。私は口がきけなかった。

彼は、後ろを向いて、「水生《シュイション》、だんな様におじぎしな。」と言って、彼の背に隠れていた子供を前へ出した。これぞまさしく三十年前の閏土であった。いくらか痩せて、顔色が悪く、銀の首輪もしていない違いはあるけれども。「これが五番めの子でございます。世間へ出さぬものですから、おどおどしておりまして……。」

母と宏児《ホンル》が二階から降りてきた。話し声を聞きつけたのだろう。

「ご隠居様、お手紙は早くにいただきました。全く、うれしくてたまりませんでした、だんな様がお帰りになると聞きまして……。」と、閏土は言った。

「⑥まあ、なんだってそんな、他人行儀にするんだね。おまえたち、昔は兄弟の仲じゃないか。昔のように、迅《シュン》ちゃん、でいいんだよ。」と、母はうれしそうに言った。

「めっそうな、ご隠居様、なんとも……とんでもないことでございます。あの頃は子供で、なんのわきまえもなく……。」そしてまたも水生を前に出しておじぎさせようとしたが、子供ははにかんで、父親の背にしがみついたままだった。

魯迅／竹内好訳「故郷」〈『魯迅文集　第一巻』〉より

2 ――線のカタカナを漢字で書きなさい。

1 アヤしい男がいる。
2 キュウレキの七夕。
3 コン碧《ぺき》の海が広がる。
4 社員をヤトう。

1								
(1) 各5点	(2) 5点	(3) 10点	(4) 5点	(5) A 各10点	(5) B	(6) 20点	(7) 10点

2	
1 各5点	2
3	4

成績評価の観点　思…思考・判断・表現

Step 2

故郷②

20分

／100

目標 75点

1 文章を読んで、問いに答えなさい。思

▼教 172ページ19行～174ページ13行

私と一緒に窓辺にもたれて、暮れてゆく外の景色を眺めていた宏《ホン》児《ル》が、ふと問いかけた。

「おじさん、僕たち、いつ帰ってくるの？」

「帰ってくる？　どうしてまた、行きもしないうちに、帰るなんて考えたんだい？」

「だって、水生《シュイション》が僕に、家へ遊びに来いって。」

大きな黒い目をみはって、彼はじっと考えこんでいた。

①私も、私の母も、はっと胸を突かれた。そして話がまた②閏土《ルントー》のことに戻った。母はこう語った。例の豆腐屋小町の楊《ヤン》おばさんは、私の家で片づけが始まってから、毎日必ずやってきたが、おととい、灰の山からわんや皿を十個余り掘り出した。あれこれ議論の末、それは閏土が埋めておいたにちがいない、灰を運ぶとき、一緒に持ち帰れるから、という結論になった。楊おばさんは、この発見を手柄顔に、「犬じらし」（これは私たちの所で鶏を飼うのに使う。木の板に柵を取り付けた道具で、中に食べ物を入れておくと、鶏は首を伸ばしてついばむことができるが、犬にはできないので、見てじれるだけである。）をつかんで飛ぶように走り去った。纏足《てんそく》用の底の高い靴で、よくもと思うほど速かったそうだ。

古い家はますます遠くなり、故郷の山も水もますます遠くなる。

(1) ――線①「私も、私の母も、はっと胸を突かれた」とありますが、なぜですか。次から一つ選び、記号で答えなさい。

ア　せっかく仲良くなった二人の間を、自分たちの都合で裂《さ》いてしまうと感じたから。

イ　もう故郷には帰らないということを、宏児が納得していないことを知ったから。

ウ　水生の家に遊びに行くことを、水生の父の閏土が許すはずがないから。

(2) ――線②「閏土」について、このあと彼を別の言葉で表した部分があります。文章中から十三字で抜き出しなさい。

(3) ――線③「名残惜しい気はしない」とありますが、なぜですか。簡潔に書きなさい。

(4) ――線④「私と閏土との距離は全く遠くなった」ということを表した言葉を、文章中から漢字二字で抜き出しなさい。

点UP

(5) ――線⑤「新しい生活」とありますが、これはどのようなことを表していますか。説明しなさい。

(6) ――線⑥「彼の望むものは……手に入りにくいだけだ」とありますが、「私」と閏土とが望むものを次から一つずつ選び、記号で答えなさい。

ア　故郷の人々との交流。　イ　若い世代への希望。

ウ　香炉や燭台など形ある物。　エ　故郷の山や水や家。

だが③名残惜しい気はしない。自分の周りに目に見えぬ高い壁があって、その中に自分だけ取り残されたように、気がめいるだけである。すいか畑の銀の首輪の小英雄のおもかげは、もとは鮮明このうえなかったのが、今では急にぼんやりしてしまった。これもたまらなく悲しい。

母と宏児とは寝入った。

私も横になって、船の底に水のぶつかる音を聞きながら、今自分は、自分の道を歩いているとわかった。思えば④私と閏土との距離は全く遠くなったが、若い世代は今でも心が通い合い、現に宏児は水生のことを慕っている。せめて彼らだけは、私と違って、互いに隔絶することのないように……とはいっても、彼らがひとつ心でいたいがために、私のように、無駄の積み重ねで魂をすり減らす生活をともにすることは願わない。また閏土のように、打ちひしがれて心がまひする生活をともにすることも願わない。また他の人のように、やけを起こして野放図《のほうず》に走る生活をともにすることも願わない。希望をいえば、彼らは⑤新しい生活をもたなくてはならない。私たちの経験しなかった新しい生活を。

希望という考えが浮かんだので、私はどきっとした。たしか閏土が香炉と燭台《しょくだい》を所望したとき、私はあいかわらずの偶像崇拝だな、いつになったら忘れるつもりかと、心ひそかに彼のことを笑ったものだが、今私のいう希望も、やはり手製の偶像にすぎぬのではないか。ただ⑥彼の望むものはすぐ手に入り、私の望むものは手に入りにくいだけだ。

魯迅／竹内好訳「故郷」〈『魯迅文集　第一巻』〉より

❷ ――線のカタカナを漢字で書きなさい。

❶ 獰《どう》モウな虎。
❷ 息子をデキアイする。
❸ キョウサクの年。
❹ 台所でスイジする。

❶								❷			
(1) 10点	(2) 15点	(3) 15点	(4) 10点	(5) 20点	(6) 「私」	(6) 閏土 各5点	❶	❷	❸	❹ 各5点

成績評価の観点　思…思考・判断・表現

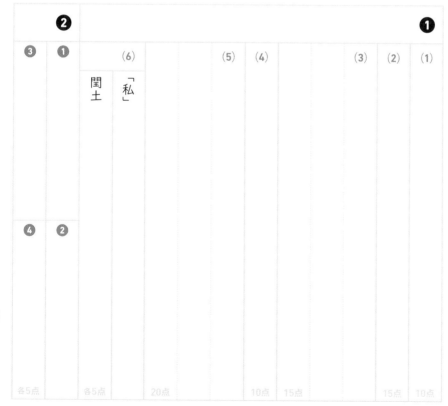

Step 2 漢字を身につけよう⑦

（故郷～漢字を身につけよう⑦）

20分

/100

目標 75点

1 ――線の漢字の読み仮名を書きなさい。

① 目隠しの塀。
② 蔑みの言葉。
③ 時宜にかなう。
④ 誤解も甚だしい。
⑤ 堪えがたい痛み。
⑥ 罵声が飛び交う。
⑦ 悪品を排斥する。
⑧ 凄惨な現場。
⑨ 雨の日は憂鬱だ。
⑩ ご指導を賜る。
⑪ 能力が覚醒する。
⑫ 生活が堕落する。
⑬ 会長が逝去される。
⑭ 私語を謹む。
⑮ 哀悼の意を表する。

1			
①	⑤	⑨	⑬
②	⑥	⑩	⑭
③	⑦	⑪	⑮
④	⑧	⑫	

各2点

2 カタカナを漢字に直しなさい。

① マタの下を通す。
② ツヤのある絹地。
③ カゴに入れる。
④ クチビルが赤い。
⑤ ホオボネが出る。
⑥ ヤせた犬。
⑦ ウスズミ色の空。
⑧ 町のエイユウ。
⑨ タマシイをこめる。
⑩ グウゾウを飾る。
⑪ 王をスウハイする。
⑫ ショウチュウの瓶。
⑬ オトサタがない。
⑭ 優しくサトす。
⑮ 恩師のフホウ。

2			
①	⑤	⑨	⑬
②	⑥	⑩	⑭
③	⑦	⑪	⑮
④	⑧	⑫	

各2点

❸ ――線の言葉の意味として適切なものをあとから選び、記号で答えなさい。

❶ 寂寥《せきりょう》とした冬の海辺。

❷ ペットの犬を溺愛する。

❸ 獰《どう》猛な虎がすむ森。

❹ 失敗を嘲るのはやめよう。

❺ 恭《うやうや》しい態度で接する。

❻ 野放図《のほうず》な生活を続ける。

❼ 殿に褒美《ほうび》を所望する。

❽ 午後の窓辺でまどろむ。

ア 勝手気ままに振る舞うこと。
イ 見下してばかにすること。
ウ 人の気配がなく、ひっそりとしていること。
エ ほしいとのぞむこと。
オ むやみにかわいがること。
カ ちょっとの間うとうとすること。
キ 相手を敬って、礼儀正しい様子。
ク とても乱暴で、荒々しいこと。

❸	
❶	❺
❷	❻
❸	❼
❹	❽

各2点

❹ ――線の漢字の読み仮名を書きなさい。

❶ a 日本髪を結う。 b ひもを結ぶ。

❷ a 財産を増やす。 b 財布を落とす。

❸ a 香炉と燭台《しょくだい》を置く。 b バラの良い香り。

❹ a 所望の品を与える。 b 望遠鏡を買う。

❺ a 夕日に映える。 b 新作の映画を見る。

❻ a 門前の仁王像。 b 仁義を通す。

❼ a 胸囲を測る。 b 変な胸騒ぎがする。

❽ a 忘却のかなた。 b 忘れ物をする。

❹			
❶ a	❸ a	❺ a	❼ a
b	b	b	b
❷ a	❹ a	❻ a	❽ a
b	b	b	b

完答各3点

Step 1

「文殊《もんじゅ》の知恵」の時代

15分

❶ 文章を読んで、問いに答えなさい。

▼教 182ページ13行～184ページ7行

むしろ①違いを見過ごしてしまえば、気は楽かもしれない。だが、それでは徹底的な検証を放棄することになるので、本当にすばらしい知恵を生み出すことは難しくなってしまう。もちろん、違いのために三人が決裂してしまえば、何も知恵を生み出すことができない。

　生きていると、さまざまな問題に直面するものである。問題に直面したら、まずは自分の知識と経験を用いて解決しようとするだろう。例えば学校のテストの問題であれば、これまでに自分の習い覚えたことを駆使して解くものだ。だが、社会に出ると、経験したこともなければ、予測もできないような問題に直面することがある。自分一人の知識と経験だけでは、とても解決できない。そのようなとき、同じ問題を共有する他人と協力し、全員の知識と経験を総動員して解決にあたるのである。人間は、社会に出たら自分の力で生きていかなければならないが、自分の力だけで生きていくこともできないのだ。

　また、最近では、科学技術の発達などによって、新しい知識が爆発的に増殖している。社会も急速に変化して、複雑化の度合いを強めている。そのような社会において生じる問題は、とても②一人の知識や経験だけで対処できるようなものではない。専門家であっても、自分の専門領域の問題を自分だけでは解決できなくなってしまった。

(1) ——線①「違いを見過ごしてしまえば、気は楽かもしれない」とありますが、これは違いを見過ごしてはならないということですが、なぜですか。

（　　　　）

(2) ——線②「一人の知識や経験だけで対処できるようなものではない」について答えなさい。

❶ これはどんなものですか。次の文の（　）に当てはまる言葉を、文章中から指定の字数で抜き出しなさい。

（a　三字）している（b　二字）に生じる問題。

a □□□　b □□

❷ ❶のような問題の例として挙げられているものは何ですか。文章中から抜き出しなさい。

（　　　　）

(3) ——線③「そういう社会」とありますが、どのような社会ですか。三十四字で探し、初めと終わりの五字を抜き出しなさい。

例えば、エネルギー問題などは、人類の英知を結集すべき課題だ。環境学者や物理学者だけでなく、政治や経済の専門家や企業、そして一般の人々が、ともに取り組む必要がある。一つの問題について、さまざまな立場の人々がさまざまな視点から徹底的に検証し、みんなで協力して解決策を見いだしていかなければならなくなっている。

そのうえ、世界が変化したことにより、さまざまな国や地域の人々と接する機会が多くなった。国が違えば文化も違う。文化が違えば価値観も違う。今世界全体が、多様な価値観をもった人々が一緒に働き、あるいは一緒に暮らすような社会になりつつある。③そういう社会で問題が起これば、全く考えの違う人々とも協力して解決にあたらなければならないのである。

すばらしい知恵を生み出すためには、違いを恐れてはいけない。人それぞれが違うことを知り、その違いを尊重する一方で、活用することを考える。そうすれば、全員の知識や経験をうまく折り合いをつけながら利用できるようになる。それぞれにとっての「正しいこと」や「大切なこと」が違っていたとしても、全員にとっての「正しいこと」や「大切なこと」を一緒に探すことができる。そうすることによってのみ、三人で相談して「文殊の知恵」を生み出すことができるのだ。

北川　達夫「『文殊の知恵』の時代」より

(4) 「文殊の知恵」が必要とされる問題として、当てはまらないものを次から一つ選び、記号で答えなさい。

ア テストのように習い覚えたことを駆使して解く問題。
イ 新しい知識が爆発的に増殖した社会で生じる問題。
ウ 文化や価値観が違う人と接するなかで起きる問題。

(5) 「文殊の知恵」を生み出すために大切なのは、どんなことですか。次から一つ選び、記号で答えなさい。

ア 同じような考えの人が集まって知恵と経験を総動員し、同じ立場の「正しいこと」を探すこと。
イ お互いの違いを尊重しながら、さまざまな立場の人の知識や経験をうまく折り合わせること。
ウ 専門家の知識に基づく意見を尊重し、一般の人々は口をはさまないようにすること。

ヒント

(1) この後の「だが、……」の一文に理由が述べられている。「……から。」の形でまとめよう。

(4) 第二段落に注目する。「さまざまな問題に直面」した場合の例が述べられている。「自分一人の知識と経験だけ」では解決できない場合に、「文殊の知恵」が必要とされる。

Step 1

坊《ぼ》っちゃん

15分

1 文章を読んで、問いに答えなさい。

▼教188ページ15行〜189ページ19行

【母が病気で死ぬ二《に》、三日《さんち》前、台所で宙返りをしてへっついの角であばら骨を打って大いに痛かった。母がたいそう怒って、おまえのような者の顔は見たくないと言うから、親類へ泊まりに行っていた。するととうとう死んだという知らせが来た。そう早く死ぬとは思わなかった。そんな大病なら、もう少しおとなしくすればよかったと思って帰ってきた。そうしたら例の兄が俺を親不孝だ、俺のために、おっかさんが早く死んだんだと言った。悔しかったから、兄の横っ面《つら》を張って大変叱られた。】

　母が死んでからは、おやじと兄と三人で暮らしていた。おやじはなんにもせぬ男で、人の顔さえ見ればきさまはだめだだめだと口癖のように言っていた。何がだめなんだか今にわからない。①妙なおやじがあったもんだ。兄は実業家になるとか言ってしきりに英語を勉強していた。元来ずるいから、仲がよくなかった。十日に一ぺんぐらいの割でけんかをしていた。あるとき将棋をさしたらひきょうな待ち駒をして、人が困るとうれしそうに冷やかした。あんまり腹が立ったから、手にあった飛車《ひしゃ》を眉間へたたきつけてやった。眉間が割れて少々血が出た。兄がおやじに言《い》つけた。おやじが俺を勘当すると言いだした。

　そのときはもうしかたがないと観念して先方の言うとおり勘当さ

(1) 【　】の部分から、「俺」のどのような性格がわかりますか。次から一つ選び、記号で答えなさい。

ア 自分勝手でずる賢いが母親思いの性格。
イ 乱暴で負けん気が強く手に負えない性格。
ウ 無鉄砲で短気だが素直なところもある性格。

(2) ――線①「妙なおやじがあったもんだ」とありますが、なぜ「妙なおやじ」だと思ったのですか。次の文の（　）に当てはまる言葉を、文章中から指定の字数で抜き出しなさい。

自分は（a　六字）くせに、「俺」のことは（b　三字）と繰り返し小言を言い、しかも何を（b）と言うのかわからないから。

a

b

(3) ――線②「かえってこの清に気の毒であった」とありますが、なぜこう思うのですか。次から一つ選び、記号で答えなさい。

ア おやじが清の言うことを聞き入れるはずがないとわかるから。
イ 自分のために尽くしてくれる清の愛情がわずらわしかったから。
ウ 自分は勘当されてもよいのに、清に心労をかけてしまったから。

れるつもりでいたら、十年来召し使っている清《きよ》という女が、泣きながらおやじに謝って、ようやくおやじの怒りが解けた。それにもかかわらずあまりおやじを怖いとは思わなかった。②かえってこの清に気の毒であった。この女はもと由緒《ゆいしょ》のある者だったそうだが、瓦解《がかい》のときに零落して、つい奉公までするようになったのだと聞いている。だから婆《ばあ》さんである。この婆さんがどういう因縁か、俺を非常にかあいがってくれた。③不思議なものである。母も死ぬ三日前にあいそを尽かした――おやじも年中もてあましている――町内では乱暴者の悪太郎《あくたろう》とつまはじきをする――この俺をむやみに珍重してくれた。俺はとうてい人に好かれるたちでないと諦めていたから、他人から木の端のように取り扱われるのはなんとも思わない、かえってこの清のようにちやほやしてくれるのを不審に考えた。清はときどき台所で人のいないときに「あなたはまっすぐでよいご気性だ。」と褒めることがときどきあった。しかし俺には清の言う意味がわからなかった。いい気性なら清以外の者も、もう少しよくしてくれるだろうと思った。清がこんなことを言うたびに俺はお世辞は嫌いだと答えるのが常であった。すると婆さんは④それだからいいご気性ですと言っては、うれしそうに俺の顔を眺めている。自分の力で俺を製造して誇ってるように見える。少々気味が悪かった。

夏目漱石「坊っちゃん」〈『漱石全集　第二巻』〉より

(4) ――線③「不思議なものである」とありますが、「俺」はどんなことを「不思議」だと感じているのですか。次の文の（　）に当てはまる言葉を、文章中から指定の字数で抜き出しなさい。

自分は（a　六字）性格ではないと、周囲から（b　五字）にされるのも気にしないのに、清は（c　二字）してくれたから。

a

b

c

(5) ――線④「それだからいいご気性です」とありますが、清は、「俺」のどのようなところが「いいご気性」だと言っているのですか。簡潔に書きなさい。

ヒント

(2) 「おやじ」について書かれているのは、前の「母が死んでからは……今にわからない」の部分。

(4) あとに「かえってこの清のようにちやほやしてくれるのを不審に考えた」とあることに注目しよう。「かえって」という理由は、周囲の人々の「俺」に対する態度である。

Step 2

坊《ぼ》っちゃん

20分

／100

目標 75点

1 文章を読んで、問いに答えなさい。思

▼教195ページ1行〜196ページ4行

　家をたたんでからも清《きよ》のところへはおりおり行った。清のおいというのは存外けっこうな人である。俺が行くたびに、おりさえすれば、なにくれともてなしてくれた。①清は俺を前へ置いて、いろいろ俺の自慢をおいに聞かせた。今に学校を卒業すると麹町《こうじまち》辺へ屋敷を買って役所へ通うのだなどと吹聴《ふいちょう》したこともある。独りで決めて一人でしゃべるから、こっちは困って顔を赤くした。それも一度や二度ではない。おりおり俺が小さいとき寝小便をしたことまで持ち出すには閉口した。おいはなんと思って清の自慢を聞いていたかわからぬ。ただ清は昔ふうの女だから、自分と俺の関係を封建時代の主従のように考えていた。自分の主人なら自分のおいのためにも主人に相違ないと合点《がてん》したものらしい。②おいこそいい面《つら》の皮だ。

　いよいよ約束が決まって、もうたつという三日前に清を訪ねたら、北向きの三畳に風邪をひいて寝ていた。俺の来たのを見て起き直るが早いか、*坊っちゃんいつうちをお持ちなさいますと聞いた。卒業さえすれば金が自然とポケットの中に湧いてくると思っている。そんなに偉い人をつらまえて、まだ坊っちゃんと呼ぶのはいよいよばかげている。俺は単簡に当分うちは持たない。田舎へ行くんだと言ったら、③非常に失望した様子で、ごま塩のびんの乱れをしきりになでた。あまり気の毒だから「行くことは行くがじき帰る。来年の

(1) ――線①「清は俺を前へ置いて、いろいろ俺の自慢をおいに聞かせた」とありますが、「俺」はその理由をどのように思っていますか。文章中の言葉を使って答えなさい。

(2) ――線②「おいこそいい面の皮だ」とありますが、「俺」はなぜそのように思ったのですか。次の文の（　）に当てはまる言葉を答えなさい。

自分の（　a　）でもないのに、「俺」の（　b　）を清から聞かされるのは（　c　）だろうと思ったから。

(3) ――線③「非常に失望した様子で」とありますが、清はなぜ失望したのですか。

(4) 土産についての「俺」と清の会話で、「俺」はどのような様子ですか。次から一つ選び、記号で答えなさい。

ア　清の質問に困惑しているが、丁寧に答えている。

イ　無知な清にあきれ、返答を面倒だと思っている。

ウ　自分が知らない物を欲しいと言われ、焦《あせ》っている。

(5) ――線④「出立の日には朝から来て、いろいろ世話をやいた」とありますが、ここからどのようなことがわかりますか。

点UP

(6) ――線⑤「もう少しで泣くところであった」とありますが、このときの「俺」は、どのような気持ちだったのですか。次の言葉に続けて答えなさい。

泣かないでいようと思ったのに、（　　　　）。

夏休みにはきっと帰る。」と慰めてやった。それでも妙な顔をしているから「何を土産に買ってきてやろう、何が欲しい。」と聞いてみたら「越後《えちご》の笹《ささ》あめが食べたい。」と言った。越後の笹あめなんて聞いたこともない。だいいち方角が違う。「俺の行く田舎には笹あめはなさそうだ。」と言って聞かしたら「そんなら、どっちの見当です。」と聞き返した。「西の方だよ。」と言うと、「箱根《はこね》の先ですか手前ですか。」と問う。ずいぶんもてあました。

④出立《しゅったつ》の日には朝から来て、いろいろ世話をやいた。来る途中小間物屋で買ってきた歯磨きとようじと手拭いをズックのかばんに入れてくれた。そんな物はいらないと言ってもなかなか承知しない。車を並べて停車場《ていしゃば》へ着いて、プラットフォームの上へ出たとき、車へ乗り込んだ俺の顔をじっと見て「もうお別れになるかもしれません。ずいぶんご機嫌よう。」と小さな声で言った。目に涙がいっぱいたまっている。俺は泣かなかった。しかし⑤もう少しで泣くところであった。汽車がよっぽど動きだしてから、もうだいじょうぶだろうと思って、窓から首を出して振り向いたら、やっぱり立っていた。なんだか大変小さく見えた。

*以前清は、「俺」がうちを持ったら置いてくれと頼み、「俺」も置いてやると答えていた。

夏目　漱石「坊っちゃん」〈『漱石全集　第二巻』〉より

2 ――線のカタカナを漢字で書きなさい。

❶ ムテッポウな性格。
❷ イネを栽培する。
❸ 柔らかいマクラ。
❹ 四国にフニンする。

1								2			
(1) 10点	(2) a	(2) b	(2) c 各5点	(3) 15点	(4) 5点	(5) 15点	(6) 20点	❶	❷	❸	❹ 各5点

成績評価の観点　思…思考・判断・表現

Step 2

漢字を身につけよう⑧

（「文殊《もんじゅ》の知恵」の時代〜漢字を身につけよう⑧）

20分

/100

目標 75点

❶

――線の漢字の読み仮名を書きなさい。

① 懲役五年の刑。
② 息子を勘当する。
③ 零落した姫君。
④ においを嗅ぐ。
⑤ 借家を周旋する。
⑥ 麺類を好む。
⑦ 会員に頒布する。
⑧ 骨髄移植
⑨ 芳香剤を買う。
⑩ 入れ物に蓋をする。
⑪ 煎餅を焼く。
⑫ 卸売市場に行く。
⑬ 日本酒を醸造する。
⑭ 廉価な商品。
⑮ 交渉が決裂する。

❶

①	⑤	⑨	⑬
②	⑥	⑩	⑭
③	⑦	⑪	⑮
④	⑧	⑫	

各2点

❷

カタカナを漢字に直しなさい。

① 日本刀のハ。
② 気安くウけ合う。
③ ハチ植えの花。
④ シリもちをつく。
⑤ 泉がワき出る。
⑥ 大店《おおだな》にホウコウする。
⑦ 参加をアキラめる。
⑧ ナベ焼きうどん
⑨ テヌグいでふく。
⑩ ショクタクを囲む。
⑪ 大根のツけ物。
⑫ 天ぷらをアげる。
⑬ 瓶のセンを抜く。
⑭ ひとツブの麦。
⑮ 手洗いのテッテイ。

❷

①	⑤	⑨	⑬
②	⑥	⑩	⑭
③	⑦	⑪	⑮
④	⑧	⑫	

各2点

❸ ――線の言葉の意味として適切なものをあとから選び、記号で答えなさい。

❶ 由緒《ゆいしょ》ある寺を訪れる。

❷ 名家が零落する。

❸ 不審な電話があった。

❹ よくない了見を起こす。

❺ アパートを周旋する。

❻ ご随意にお使いください。

❼ 勘当された息子が帰ってくる。

ア　疑わしいこと。
イ　思うまま自由であること。
ウ　親が子供との縁を切る。
エ　おちぶれること。
オ　考え。思案。
カ　これまでの立派な歴史。
キ　仲立ち。仲介。

❸	
❶	❺
❷	❻
❸	❼
❹	

各2点

❹ ――線の漢字の読み仮名を書きなさい。

❶ 質屋の看板がある。

❷ 気性が荒いのら猫。

❸ 大和朝廷が支配する。

❹ 弥生時代の住居跡。

❺ 山中で雪崩が起きる。

❻ 桜吹雪の中を歩く。

❼ 二酸化硫黄のガス。

❽ 時間をかけて小豆を煮る。

❾ 刀鍛冶の師匠。

❿ 老舗旅館に泊まる。

⓫ 江戸時代の為替手形。

⓬ 急展開に固唾をのむ。

⓭ 黒幕の尻尾をつかむ。

❹			
❶	❺	❾	⓭
❷	❻	❿	
❸	❼	⓫	
❹	❽	⓬	

各2点

Step 2

三年間の文法の総まとめ①

20分

／100
目標 75点

❶

①～③の文は文節に、④⑤の文は単語に、―で分けなさい。

① 昨日から雨が降り続いている。

② 丘の上のあの家があなたの家ですか。

③ 夏が来るけれど今年は海に行けない。

④ 新しいパソコンを使いましょう。

⑤ 先週の大会で野球部が三位になった。

❶

① 昨 日 か ら 雨 が 降 り 続 い て い る 。

② 丘 の 上 の あ の 家 が あ な た の 家 で す か 。

③ 夏 が 来 る け れ ど 今 年 は 海 に 行 け な い 。

④ 新 し い パ ソ コ ン を 使 い ま し ょ う 。

⑤ 先 週 の 大 会 で 野 球 部 が 三 位 に な っ た 。

完答各4点

❷

――線の文節の関係、または文節のはたらきをあとから選び、記号で答えなさい。

① この　子犬は　おとなしくて　かわいい。

② 昼から　姉と　一緒に　映画を　見る。

③ 雨が　上がった。　すると、　虹が出た。

④ 勇敢な　少年が　困難な　旅を　する　物語。

⑤ 妹の　ために　からく　ない　カレーを　作る。

⑥ きみ、　そこは　立ち入り禁止の　場所ですよ。

ア　主述の関係　　イ　修飾・被修飾の関係　　ウ　接続語
エ　独立語　　オ　並立の関係　　カ　補助の関係

❷

①	②	③
④	⑤	⑥

各5点

3 次の品詞分類表の（　）に当てはまるものをあとから選び、記号で答えなさい。

- 単語
  - （①）
    - 活用がない
      - 主語になる（②）―人や物の名称・指示―（③）
      - 主語にならない
        - 主に用言を修飾する―（④）
        - 体言を修飾する―（⑤）
        - 接続語になる―接続詞
        - 独立語になる―（⑥）
    - 活用がある―述語になる（⑦）
      - ウ段の音で終わる―動詞
      - 「い」で終わる―形容詞
      - 「だ・です」で終わる―形容動詞
  - （⑧）
    - 活用がない―（⑨）
    - 活用がある―（⑩）

ア　体言　イ　助詞　ウ　付属語　エ　助動詞
オ　副詞　カ　自立語　キ　用言　ク　感動詞
ケ　名詞　コ　連体詞

3		
①	⑤	⑨
②	⑥	⑩
③	⑦	
④	⑧	

各2点

4 ――線の語句の品詞として適切なものをあとから選び、記号で答えなさい。

① 子供でも駅まで歩ける。
② 元気なお年寄りが集まる。
③ 甘くないお菓子の方が好きだ。
④ 彼は引っ越したのである。
⑤ 赤信号で車が止まる。
⑥ つらい練習を頑張る。
⑦ 苦いコーヒーを飲んでみる。
⑧ 広場で紙飛行機を飛ばす。
⑨ 雨が降ってきたのに傘がない。
⑩ いちいち着替えるのが面倒だ。

ア　自動詞　イ　他動詞　ウ　可能動詞　エ　補助動詞
オ　形容詞　カ　補助形容詞　キ　形容動詞

4		
①	⑤	⑨
②	⑥	⑩
③	⑦	
④	⑧	

各3点

Step 2

三年間の文法の総まとめ②

20分

／100

目標 75点

1 （　）に当てはまる言葉を書きなさい。

1 もし彼が来る（　）、歓迎しよう。
2 彼はまるで歌手の（　）に上手に歌う。
3 たとえ彼が来なく（　）、試合は行う。
4 彼は決して裏切ら（　）だろう。

2 （　）に当てはまる言葉をあとから選び、記号で答えなさい。

1 全て正解です。（　）、百点ということです。
2 風が強かった。（　）おさまるまで少し待っていた。
3 イチゴがいいですか。（　）メロンにしますか。
4 風邪を引いた。（　）、熱はない。
5 お昼です。（　）何を食べましょうか。
6 春になり梅が咲いた。（　）桜も咲き始めた。

ア だから　イ さて　ウ それとも　エ つまり
オ そして　カ しかし

1　1　2　3　4　各5点

2　1　2　3　4　5　6　各5点

3 ——線の助動詞の意味に当てはまるものをあとから選び、記号で答えなさい。

1 お客様が帰られる。
2 この答えは間違いだ。
3 子供の頃が思い出される。
4 今年の冬は寒くなりそうだ。
5 兄は隣の町へ出かけた。
6 ケーキは二つ食べられる。
7 会社に行かない日がある。
8 公園で子供を遊ばせる。
9 彼は来春留学するそうだ。
10 先生に努力を褒められる。

ア 受け身　イ 自発　ウ 可能　エ 尊敬　オ 使役
カ 断定　キ 打ち消し　ク 過去　ケ 様態　コ 伝聞

3　1　2　3　4　5　6　7　8　9　10　各5点

テスト前 ✓ やることチェック表

① まずはテストの目標をたてよう。頑張ったら達成できそうなちょっと上のレベルを目指そう。
② 次にやることを書こう（「ズバリ英語〇ページ，数学〇ページ」など）。
③ やり終えたら□に✓を入れよう。
最初に完ぺきな計画をたてる必要はなく，まずは数日分の計画をつくって，
その後追加・修正していっても良いね。

目標

	日付	やること 1	やること 2
2週間前	/	□	□
	/	□	□
	/	□	□
	/	□	□
	/	□	□
	/	□	□
	/	□	□
1週間前	/	□	□
	/	□	□
	/	□	□
	/	□	□
	/	□	□
	/	□	□
	/	□	□
テスト期間	/	□	□
	/	□	□
	/	□	□
	/	□	□
	/	□	□

QRコードのページに登録すると，「ぴたリンク」からも表をダウンロードできるよ

キリトリ線

テスト前 ☑ やることチェック表

① まずはテストの目標をたてよう。頑張ったら達成できそうなちょっと上のレベルを目指そう。
② 次にやることを書こう（「ズバリ英語〇ページ，数学〇ページ」など）。
③ やり終えたら□に✔を入れよう。
最初に完ぺきな計画をたてる必要はなく，まずは数日分の計画をつくって，
その後追加・修正していっても良いね。

目標

	日付	やること 1	やること 2
2週間前	／	□	□
	／	□	□
	／	□	□
	／	□	□
	／	□	□
	／	□	□
	／	□	□
1週間前	／	□	□
	／	□	□
	／	□	□
	／	□	□
	／	□	□
	／	□	□
	／	□	□
テスト期間	／	□	□
	／	□	□
	／	□	□
	／	□	□
	／	□	□

QRコードのページに登録すると，「ぴたリンク」からも表をダウンロードできるよ

三省堂版 国語3年

定期テスト ズバリよくでる

解答集

〈本体から外してお使いください〉

岩が

2〜3ページ Step 1

❶ (1) イ・オ（順不同）

(2) 岩＝しぶきをあげ
魚＝力強くひっそりと

(3) ウ

❷ ①さか ②ひくつ ③しょうかい ④ねば

❸ ①ウ ②イ ③エ ④ア

考え方

❶ (1) 「岩」や「魚」が「逆らう」「憐《あわ》れむ」「卑《いや》しめる」と、人のように表現しているので、擬人法である。「仕方があるもの。」は「もの」という体言（名詞）で終わっている。

(2) 「岩」は、激しくしぶきをあげて流れに逆らっている。「魚」は力強くではあるがひっそりと、流れに逆らい川上へ泳いでいく。

(3) ——線②の前に「魚が岩を憐れんだり／岩が魚を卑しめたりしないのが」とある。「憐れむ」も「卑しめる」も、相手を下に見ることである。

握手

4〜5ページ Step 1

❶ (1) こら。
よく聞きなさい。（順不同）

(2) イ

(3) ルロイ修道〜ないのだ。

(4) 次にはきっと平手打ちが飛ぶ

(5) ア

考え方

❶ (1) あとに、「ルロイ修道士は、……とか言うかわりに、右の人さし指をぴんと立てるのが癖だった」とある。

(2) ルロイ修道士の「総理大臣のようなことを……」という言葉から考えよう。「日本人とかカナダ人とか……一人一人の人間がいる、それだけのこと」という言葉に合う考え方はイ。

(5) ルロイ修道士は「私はあなたをぶったりはしませんでしたか。……もし、していたなら、謝りたい」と言い、「やはりぶちましたか」と言って「悲しそうな表情」になった。ぶったことを申し訳ないと思ったのである。

握手

6〜7ページ Step 2

❶ (1) ① 例 かつての園児が元気に仕事をし、親愛の情を示してくれるのを見るとき。

② 例 かつての園児が自分の子を天使園に預けるためやってくるのを見るとき。

(2) ウ

(3) 例 死ぬときに、これからにぎやかな天国へ行くのだから怖くない、と思うため。

(4) 例 これまでほんとうにありがとうございました、少しでも長く生きてくださいという思い。

例 今まで注いでくれた愛情に感謝し、どうか死なないでほしいという思い。

(5) ア

❷ ①洗濯 ②穏 ③郊外 ④遺言

考え方

❶(1) ①かつての園児である上川《かみかわ》くんが、バスの運転手として元気に働いていて、ルロイ修道士に運転の腕前を見せようとしたり、天使園の前でバスを止めたりするのがうれしいのである。

②「それを見るときがいっとう悲しい」の「それ」は、その直前の「天使園で育った……やってくる」を指している。そのまま抜き出すのではなく、簡潔にまとめよう。

(2)「(顔が)赤くなる」のは、恥ずかしかったり、ばつが悪かったりしたときである。死が近いことを隠していたのに「私」にばれたので、ばつが悪く頭をかいたのである。

(3) ——線④の前の「あると信じるほうが楽しいでしょうが。……にぎやかな天国へ行くと思うほうがよほど楽しい」をまとめる。

(4) ルロイ修道士の言動からは、かつての園児に対する深い愛情がうかがえる。天使園の子供たちに生涯《しょうがい》をささげてきたのであろう。その愛情に対する感謝の気持ちと、もっと生きてほしい、死なないでほしいという思いを、この握手に込めたのである。

(5)「おまえは悪い子だ」の「おまえ」というのは、ルロイ修道士を死なせることになった「悪い腫瘍」と、修道士が死んでしまうという状況で何もできなかった自分を指すと考えられる。アの「あきれる気持ち」は考えられない。

言葉発見①／漢字を身につけよう①

8～9ページ Step 2

❶ ①しろもの ②かいこん ③かんとく ④ごうまん ⑤やみいち ⑥しゅよう ⑦のうり ⑧きゅうりょう ⑨ほんろう ⑩しぼ ⑪いけい ⑫こはん ⑬ごらく ⑭けいりゅう ⑮はんりょ

❷ ①記憶 ②汁 ③坊 ④爪 ⑤帝国 ⑥罰 ⑦癖 ⑧謝 ⑨召 ⑩漬 ⑪分割 ⑫冗談 ⑬平凡 ⑭葬式 ⑮忌

❸ ①aき bこ ②aか bまじ ③aまこと bせい ④aつ bしゅう ⑤aしょう bそう

❹ ①エ ②イ ③オ ④ア ⑤ウ

考え方

❹「語釈」とは国語辞典に掲載されている語の意味のことである。意味が多数ある語を「多義語」という。「あげる」も多義語なので、文に合う意味を選ぶ。漢字では①④⑤「上げる」、②「揚げる」、③「挙げる」と書く。

「批判的に読む」とは

10～11ページ Step 1

❶(1) ウ

(2) すすんで文章に関わっていく態度をもつ

(3) ア

(4) a理由 b根拠 (ab順不同)

c私はこのように考える

(5) イ

考え方

❶(2) ——線①のあとで「これは、……を見つけながら読む行為」と具体的に述べられていることは、「すすんで文章に関わっていく態度」である。

(4)「生産的な読み方」とは何かを考える。直後に「最も重要なのは、自分の考えをつくるために読むこと」とあるので、「自分の考えをつくるために読む」読み方、つまり『私はこのように考える』

といえる」ようにするための読み方である。

(5) 最後の段落の第一文め「批判的に読むことは、ものの見方や考え方を広げ、深めます。」が筆者の言いたいこと。「私はこのように考える」といえるような読み方をする読み手が、――線④の読み手なのである。ア「ほとんど疑うことなく」受け入れるのは、批判的な読み方とはいえない。ウ反対や否定をするだけでなく、賛成の場合もある。

間の文化

12～13ページ Step ❶

❶ (1) 余白

(2) 障子やふすまや戸を立てる

(3) ア

(4) なんという～さだろうか

(5) a 季節　b 住人の必要　c 入れたりはずしたり

考え方

❶ (1) 「絵画で何も描かれていない部分のことを余白というが、これも空間的な間である」とある。

(2) 次の段落に「壁や扉で仕切るかわりに日本の家はどうするかというと、障子やふすまや戸を立てる」とある。

(4) 直後の文に「西洋の重厚な石や煉瓦《れんが》や木の壁に比べると、なんという軽やかさ、はかなさだろうか」とあることに注目する。筆者は西洋の壁は重厚、日本の建具は軽やかではかないと感じている。

間の文化

14～15ページ Step ❷

❶ (1) 空白地帯

(2) ①ウ

②深く考えをめぐらす

(3) 行動を控える

(4) 例 日本では、生活・芸術・人間関係などあらゆる分野で、間の使い方が基本的な「掟」となること。

(5) 例 異質なものどうしを共存させ「和」を実現させるはたらき。

(6) 例 衝突を和らげるはたらきをする「間」によって、対立のない調和である「和」が生まれるということ。

例「和」は対立を和らげて共存させることで成り立つが、対立を和らげるはたらきをするのが「間」であるということ。

❷ ①芝居　②琴　③継　④断

考え方

❶ (1) 次の段落に「空白地帯として心理的な間をおく」とある。

(2) ①日本人にとっての「遠慮」は「美徳」と説明されている。「美徳」に合うのはウ。

②次の段落の初めに注目しよう。「中国では……という意味だった」とある。

(3) ――線③は「遠慮」のこと。次の段落で「遠慮」は「相手のことを考えて行動を控える」と説明されている。六字の部分を抜き出す。

(4) 前の段落に「日本人は生活や芸術や人間関係のあらゆる分野で間を使いこなしながら暮らしている」とあることからまとめる。

(5) 直後の文「その最も重要なはたらきは……、つまり、『和』を実現させることである」に、その答えが書かれているので、制限字数に合わせて要約する。「異質なものどうし」と「和」の実現の二つを入れること。

(6) 「この間があって」とは「この間のはたらきがあって」ということ。前段落に「その（＝間）最も重要なはたらきは……「和」を実現させること」とある。「間」は衝突を和らげるはたらきをするので「和」が成り立つ。

漢字のしくみ／漢字を身につけよう②

16〜17ページ Step 2

❶ ①あら ②すきま ③じゅうこう ④おちい ⑤とくじつ ⑥こうちせっそく ⑦しもん ⑧かかん ⑨ざんてい ⑩まんぱん ⑪かっさい ⑫とうほん ⑬ごうけん ⑭いっせき ⑮そっせん

❷ ①吟味 ②鍵 ③深謀 ④宮廷 ⑤褒 ⑥狭 ⑦霧中 ⑧孤軍 ⑨一貫 ⑩津々（津津） ⑪旺盛 ⑫森羅 ⑬折衷 ⑭幽谷 ⑮外患

❸ ①イ ②オ ③ウ ④ア ⑤カ ⑥エ ⑦カ ⑧ア ⑨オ ⑩エ ⑪ウ ⑫イ

❹ ①イ ②ア ③エ ④ウ

考え方

❸ ①「有名」↔「無実」、③「栄↔枯」「盛↔衰」、④「懇切」≒「丁寧」、⑥「用意」→「周到」、⑧「鯨飲」≒「馬食」、⑩「前代」→「未聞」、⑪「離↔合」「集↔散」、⑫「自問」↔「自答」。

❹ 故事成語の四字熟語である。故事成語の意味は、もととなった中国の故事を知ると覚えやすいので、調べておこう。

俳句の世界／俳句十句

18〜19ページ Step 1

❶ (1) a包 bつばめ c赤ん坊

(2) 読み手の目〜現させる力

(3) ①I・J（順不同） ②自由律

(4) ①C ②H ③A

(5) 季語＝E芋の露 F林檎
季節＝秋

(6) ウ

(7) 例 病床にあるため、自分で外に出て雪を見ることができないから。

考え方

❶ (2) 「十七音の文字列にすぎない俳句には、……再現させる力がある」に注目する。

(4) ①Cの句の「ほしいまま」とは、思い通り自由にという意味である。「谺《こだま》して」で聴覚的に表現している。
②Hの句の「小春日」とは、初冬の暖かい日のこと。もう冬なのに、必死に石にしがみついている赤蜻蛉《あかとんぼ》の姿を見つめている。
③Aの句は、枝に止まってさえずる鳥たちを、こぼさないようにとしっかり抱いている（擬人法）大木の姿を描いている。

(5) 林檎《りんご》は秋から冬にかけて出回るが、秋の季語である。俳句の季語の季節は昔の暦《こよみ》（旧暦《きゅうれき》・太陰暦《たいいんれき》）に従っているため、現代の感覚とはずれているものもあるので注意する。例えば、「七夕」「天の川」「朝顔」は夏ではなく秋の季語。覚えておこう。

(6) この句は、第二句（中七）「中や吾子《あこ》の歯」の途中に句切れを表す「や」があるので、変則的に句の中間で切れていることになる。

(7) 雪の深さを他人に尋ねないといけないということは、作者は外へ出られないのである。正岡子規《まさおかしき》は明治時代を代表する俳人・歌人。写生を提唱して革新運動を起こす。長い病床生活を送りながらすぐれた作品を残した。

言葉発見②

20〜21ページ Step 2

❶ ①いんぶん ②にお ③いす ④せんれつ ⑤いた ⑥かた ⑦あざ ⑧のうり ⑨とりはだ ⑩さわ ⑪てざわ ⑫ぎたいご ⑬ちょうふく（じゅうふく） ⑭いど ⑮ごい

❷ ①聴覚 ②驚 ③座 ④触覚 ⑤刺激 ⑥先輩 ⑦描写 ⑧瞬間 ⑨傾 ⑩混 ⑪朽 ⑫芋 ⑬尋 ⑭魅力 ⑮抽象

❸ ①外来語 ②和語 ③和語 ④漢語 ⑤外来語 ⑥和語
⑦漢語 ⑧和語 ⑨和語 ⑩外来語

❹
和語　漢語
①大雨　警報
漢語　和語　外来語
②和風　おろし　ソース
和語　外来語
③巻き　スカート
外来語　漢語
④チャレンジ　精神

―考え方―

❸❹和語・漢語・外来語の分類を「語種」という。「コンクール」は「競技会」、「アラーム」は「警報」と言い換えられるが、語種によって印象が変わる。最近の外来語は対応する和語や漢語がないものもある。

希望

22〜23ページ Step 1

❶ (1) イ
(2) 二十歳そこ
(3) 第二次世界〜たユダヤ人
(4) 例 それまでに例のなかったこと。
(5) 人間が生きるための大きなエネルギー源

―考え方―

❶ (3) ――線③に続く文に「彼は、……だ」と述べられている。
(4) 「未曽有の大惨事《だいさんじ》」などと使われる。
(5) 第四段落に注目する。「希望というのは、人間が生きるための大きなエネルギー源といえるだろう」と、筆者の考えが述べられている。

希望

24〜25ページ Step 2

❶ (1) 心の痛みに耐えきれなかったから
(2) ① 例 二十代なのに五十歳くらいの人のように見えた。
② イ
(3) 例 他の力を期待せず、希望を大切にもち続け、鋼鉄のように強い神経で耐えてきたから。
例 他の力に期待しないで、鋼鉄のように強い神経で、希望をもち続けていたから。
(4) 運／強い意志／人間への信頼感／友達の助け／生き残れるという自信（順不同）

❷ ①崩 ②束縛 ③囚人 ④刻

―考え方―

❶ (1) エルナさんの言葉の中に「何よりも、心の痛みに耐えきれなかったからです」とある。
(2) ①「五十歳くらいかと思いました」「まだ二十代だったんですよ」というエルナさんの言葉からまとめよう。
②エルナさんの言葉のあとに、「殺害、餓死、病死などの恐怖と直面させられていたスタシャックさん」とある。ナチスによる迫害の恐怖によって、このような姿になっていたのである。
(3) このあとのスタシャックさんの言葉に注目しよう。多くの人が連合軍や神の力に期待していたが、スタシャックさんは「希望だけ」が大切だったと言っている。「鋼鉄のように強い神経」で「希望」をもち続けていたから耐えられたのである。
(4) 最後の段落に注目する。後半の「労働の現場」以外に述べられていることを挙げる。

漢字を身につけよう③

26〜27ページ Step 2

❶ ①みぞう ②きょうき ③ざんぎゃく ④がし ⑤ほうかい ⑥まっしょう ⑦ぎきょく ⑧しょうやく ⑨かっこ ⑩さしえ ⑪がんぐ ⑫しゅさい ⑬はいかい ⑭ちゅうぞう ⑮れいしょ

❷ ①騒 ②闇夜 ③逮捕 ④生還 ⑤訪 ⑥縛 ⑦象徴 ⑧耐 ⑨衝撃 ⑩鋼鉄 ⑪腕 ⑫焦点 ⑬肖像 ⑭模倣 ⑮塾

❸ ①こうがい・エ ②せんりつ・イ ③ぼんよう・オ ④しゅういつ・ア ⑤しょうけい・ウ

❹ ①aばく bむぎ ②aらい bきた ③aつど bあつ ④aめん bおも ⑤aきわ bきょく

フロン規制の物語――〈杞憂〉と〈転ばぬ先の杖〉のはざまで

28〜29ページ Step 1

❶ (1)ウ
(2)a安全 bあらゆる用途 c警告
(3)「紫外線」に当たったとき
(4)ア
(5)a燃えやすい bリスク c影響 d簡単

考え方

❶ (1)「フロンの危険性」について警告したのは、シャーウッド＝ローランドとマリオ＝モリーナである。第四段落に「ローランドとモリーナが提示した仮説は、このオゾン層をフロンが壊してしまう可能性があるというもの」とある。
(4)「頑健」は「丈夫でしっかりしていること」という意味。フロンの安定した性質を「頑健」といっている。
(5)「フロンの規制は、決して簡単にはいきませんでした」とある。その理由として続く二つの段落に、「もしもフロンを使わなくなれば……リスクを増やす」、「製造会社や関連企業」「企業で働いている人々」「消費者」が影響を受ける、と述べられている。

フロン規制の物語――〈杞憂〉と〈転ばぬ先の杖〉のはざまで

30〜31ページ Step 2

❶ (1)具体的な証〜推論である
(2)①例科学的な議論だけでは決着がつかないから。
例全ての人々に影響がある重大事だから。（順不同）
②立場の違う
(3)イ
(4)①例上空のオゾン量が異常に少なくなっているという観測結果。
②例フロンによるオゾン層破壊によって被害を受ける可能性が高いこと。
(5)例オゾン層を守るため、フロンの使用を規制しなければならないという意識。
例フロンの使用を規制し、オゾン層破壊を防がなければならないという意識。

❷ ①化粧 ②厄介 ③遭遇 ④柔軟

考え方

❶ (1)B社の首脳の言葉の中で述べられている。その中で「この主張」は「仮説」とされている。
(2)①――線②の直後の文に「科学的な議論だけでは……」「全ての人々に……」と二つ説明されている。「〜から。」となるように表現を整えよう。
②この段落の最後の一文に注目しよう。「立場の違う人たちの間での議論」というのは、――線②の、科学者、企業、政治家、マスメディアを巻き込んだ「論争」に当たる。
(3)「杞憂《きゆう》」は、「心配する必要のないことを、あれこれ気を回して心

配すること」「取り越し苦労」を表す故事成語。ここでは、フロンが被害をもたらすかどうか不明な部分もあるのに、先回りして心配しフロン規制をするということを、取り越し苦労だといっている。

(4) ①一九八二年の昭和基地における観測で「上空のオゾン量が異常に少なくなっていることがわかった」とある。

②杞憂ではない、つまり、オゾン層の破壊により被害を受ける可能性は高いという根拠である。

(5) 文章全体で述べられていることを捉えよう。「オゾン層を守る」＝「オゾン層の破壊を防ぐ」ために、フロンを規制しようという意識が広がったのである。

言葉発見③／漢字を身につけよう④

32〜33ページ Step 2

❶ ①れいばい ②めいりょう ③ひっす ④すいそう ⑤きば ⑥かっしょく ⑦しょう ⑧きっきん ⑨さいしん ⑩ひじゅん ⑪ねら ⑫そし ⑬とう ⑭ぶんぴつ ⑮けいこく

❷ ①無臭 ②缶 ③洗浄 ④僅 ⑤腐 ⑥下 ⑦圏 ⑧企業 ⑨翼 ⑩危惧 ⑪犠牲 ⑫慎重 ⑬水郷 ⑭土砂 ⑮助太刀

❸ ①イ ②ク ③ア ④カ ⑤エ ⑥ウ ⑦オ ⑧キ

❹ ①エ ②イ ③ウ ④ア

考え方

❸ ②「襟を正す」は、衣服の乱れを整えて気持ちをひきしめること。

③「取りつく暇もない」は誤りなので注意しよう。

⑧「焼け石に水」と混同しないように注意する。

❹ 慣用句には「手」「足」「肩」など、体の部分を使ったものが多くある。意味を正しく覚えよう。

和歌の世界——万葉集・古今和歌集・新古今和歌集

34〜35ページ Step 1

❶ (1) 例 心に思うこと

(2) ア

(3) ③ア ④イ

(4) 子

(5) a明日 b昨日 c今日（bc順不同）

(6) ウ

(7) ウ

(8) ①H ②B ③E

考え方

❶ (1)「世の中にある人……心に思ふことを、……言ひ出《い》だせるなり」とある。当てはめる文に合わせて現代語で書く。

(2)「か」は疑問や反語を表す。「生きとし生けるもの」全てが歌を詠《よ》むということ。

(3)「枕詞《まくらことば》」は特定の言葉の前に置かれる言葉、「序詞《じょことば》」はある語句を導き出す言葉のこと。

(5)「掛詞《かけことば》」は一つの言葉に二つ以上の意味をもたせている言葉、「縁《えん》語《ご》」は一つの言葉に関係の深い言葉のこと。

(6) 和歌の意味は「あの人のことを思いながら寝たので、夢にあの人が現れたのだろうか。夢だとわかっていたなら、目を覚まさなかったのに」。「見えつらむ」のあとに句点（。）を入れることができる。

(8) ①「わびしく寂しい風景」がH「花も紅葉《もみぢ》もなかりけり」に合う。

②古語の「妹《いも》」は「妻・恋人」を表す。Bは「ずっと立って待っていたので、山のしずくに濡《ぬ》れてしまったよ」というもの。

③「両親」からEの「父母《ちちはは》」に注目する。「防人歌《さきもりのうた》」は関東から九州に派遣された兵士が詠んだものなので、「遠く離れた故郷」という記述と合う。

おくのほそ道

36～37ページ　Step 1

❶
(1) ①船頭　②馬方
(2) イ
(3) イ
(4) 例もも引きの破れを繕った。
　笠のひもを付け替えた。
　三里に灸を据えた。（順不同）
(5) ①季語＝ひな（ひなの家）
　季節＝春
②ぞ
③ア

―考え方―

❶
(1) 生涯を「舟の上」で過ごす職業、「馬の口（馬のくつわ）」を引いて老いていく職業である。現代語訳にそれぞれ「船頭として」「馬方として」とある。
(2) 芭蕉《ばしょう》が憧れ慕った「旅に死せる」人たちである。中国唐の詩人の杜甫《とほ》、平安時代の歌人能因《のういん》法師、鎌倉時代初めの西行《さいぎょう》法師、室町時代の連歌《れんが》師宗祇《そうぎ》ら。
(5) ①ここでいう「ひな」は雛《ひな》人形のこと。雛祭りの季節で「春」の季語。
②「ぞ」で切れる二句切れになっている。切れ字には「ぞ」の他に「かな」「けり」「よ」などがある。
③これまで自分が住んでいたのは「草の戸（簡素でわびしい家）」だが、雛人形を飾るような家族が越してきて、にぎやかな家になるのだろうか。「草の戸」と「ひなの家」が対比されている。

おくのほそ道

38～39ページ　Step 2

❶
(1) 例一里ほど手前に
(2) a栄耀　b一睡　c跡　d草むら（夏草）
(3) 例兼房のしらが
(4) 対句
(5) 例光堂が、五月雨もそこだけ降るのを避けたかのようで、今も金色に輝いているという情景。
例五月雨も光堂には降らないでおいたかのように、今も光堂は美しいまま残っているという情景。
(6) 例一度見ておくほうがよいと、人々が勧めるので
(7) ウ

❷
①生涯　②譲　③誘　④別荘

―考え方―

❶
(1) 「こなた」は「こちら側・手前」という意味。
(2) 藤原《ふじわら》氏三代の「栄耀《えいえう》（栄華）」も、今から見れば「一睡のうち」で終わり、その夢の「跡」には「草むら」が残るだけである。
(3) 「卯《う》の花」は白い花。それから連想したのは「しらが（白髪）」。老武士の兼房《かねふさ》は白髪頭だったのだろう。
(4) 「玉の扉風に破れ」「金《こがね》の柱霜雪《そうせつ》に朽ちて」は「…の…に…（て）」という同じ形である。
(5) 「降り残して」は「そこだけ降らないで」という意味。直前の「七宝《しっぽう》散りうせて……草むらとなるべきを」は、「本来ならここも朽ち果てて草むらになっていたはずなのに」ということ。
(6) 「よし」は「由」と書き、「～ということ」の意味。
(7) 蝉《せみ》の声さえも岩にしみ込ませて消してしまうほどの静けさなのである。作者の心も蝉の声と同じように、澄みきった静寂の中にとけ入っている。

言葉発見④

40〜41ページ Step 2

❶ ①こきん ②せいれい ③なご ④がけ ⑤みんよう ⑥そまつ ⑦ふね ⑧じょうと ⑨か ⑩めぐ ⑪とびら ⑫せいかん ⑬ふもと ⑭なめ ⑮かけい

❷ ①和 ②恋 ③頭 ④派遣 ⑤浅瀬 ⑥浦風 ⑦耐 ⑧誘惑 ⑨漂泊 ⑩据 ⑪飾 ⑫旧跡 ⑬敷 ⑭覆 ⑮泊

❸ ①うぐいす ②かわず ③においける ④きょう ⑤もみじ ⑥ゆくえ ⑦かかく ⑧とじて

❹ ①イ ②ア

—考え方—

❸ 歴史的仮名遣いを現代仮名遣いに直すきまりを覚えよう。語頭以外の「はひふへほ」は「わいうえお」に直す。（ただし助詞の「は」はそのまま。）「ぢ」は「じ」に直す。「けふ」は「きょう」、「くわ」は「か」に直す。

❹ 現代にある言葉でも意味が異なるものがある。「あはれ」は現代の「かわいそうだ」という意味よりも、古文では「しみじみとした思い」や「心打たれる感動」をいうことが多い。

論語／漢文の読み方

42〜43ページ Step 1

❶ (1) aイ bア cウ
(2) ウ
(3) ①イ
②例 先生（師）となることができる。
(4) ア
(5) 例 学んだこと
(6) 例 他人が自分のことを認めてくれなくても恨まない人。

—考え方—

❶ (1) もともとの中国語の文章（漢文）は漢字だけ。それを日本語で読むために訓点（返り点・送り仮名・句読点）をつけて書き改めた。訓読文の送り仮名は片仮名で、返り点は漢字の左下に示される。
(2) 「順」は「従順」という熟語があるように「素直に従う」という意味がある。耳の痛い意見も素直に聞くということである。
(3) ①「温」には「たずねる」という意味がある。
(4) 「己《おのれ》の欲せざる所」は、「自分がしてほしくないこと」の意味。「勿《な》かれ」は「〜してはいけない」の意味。
(5) 「学びて時に之《これ》を習ふ」は、「学んでは、機会をとらえて、その学んだことを復習する」ということである。

漢字を身につけよう⑤

44〜45ページ Step 2

❶ ①かんかつ ②かくりょう ③ひめん ④かんてい ⑤はばつ ⑥いど ⑦はっしょう ⑧せんさく ⑨かいづか ⑩じゅきょう ⑪ぜんしゅう ⑫かわら ⑬どうくつ ⑭じゅもん ⑮おんねん

❷ ①弟子 ②影響 ③戸惑 ④歳 ⑤基礎 ⑥素直 ⑦施 ⑧中継 ⑨韓国 ⑩古墳 ⑪弥生 ⑫概念 ⑬名僧 ⑭壁画 ⑮呪

❸ ①しばふ ②しらが ③もみじ ④さおとめ ⑤はとば ⑥おまわりさん ⑦うなばら ⑧さしつかえ ⑨もめん ⑩さなえ

❹ ①3 2 1 ②3 1 2 ③4 1 3 2
④6 1 4 2 3 5

—考え方—

❸ 決まった読み方をする言葉である。「熟字訓」という。

❹ レ点、一・二点、上・下点の決まりを確認しよう。

情報社会を生きる――メディア・リテラシー

46〜47ページ　Step 1

❶ (1) メディアが〜合的な能力
(2) 社会をその〜出したもの
(3) ニュース報道
(4) ウ
(5) ア
(6) ウ

―考え方―

❶ (2) メディアの情報は「現実そのものではなく」とあることに着目する。次の段落に、ニュースは「社会をそのまま……映し出したものではない」とある。

(4) 「制作過程における」とあるので、情報を送り出す側、ニュースを作る側の手順である。取材先やタイトル・見出しを考えるのは作る側。ウは情報を受け取る側のことなので、当てはまらない。

(5) この前の段落に、「メディアが伝えていることは世の中のほんの一面」「多様な受け止め方が可能」とある。だから多様なメディアから多様な情報を得て判断することが必要なのである。イは伝達方法の多様性について、ウは情報の「量」の問題について述べているので、合わない。

(6) ア「情報と前向きにつき合う」のは「受け手」なので「メッセージを送り出す」ほうではない。イ暗いニュースに落胆しないことを「前向き」といっているのは、「前向き」の意味を取り違えている。ウ「積極的に読み解き理解する」が、「前向きにつき合う」に当てはまる。また、第五段落最後の部分「主体的に情報を再構成していく」とも合う。

文法の窓／漢字を身につけよう⑥

48〜49ページ　Step 2

❶ ①しい ②かっぷ ③やっかん ④いんぺい ⑤しっつい ⑥きそん ⑦ばいしょう ⑧ほうそう ⑨じゅうちん ⑩おんしゃ ⑪りょうじゅう ⑫か ⑬けいがい ⑭もっぱ ⑮とうと（たっと）

❷ ①錯覚 ②高齢 ③選択 ④把握 ⑤稼 ⑥妨 ⑦示唆 ⑧訴訟 ⑨刑罰 ⑩猶予 ⑪妨害 ⑫訴 ⑬歩 ⑭著 ⑮旅客機

❸ ①オ ②ク ③イ ④ア ⑤ウ ⑥カ ⑦エ ⑧キ

❹ ①ウ ②ア ③エ ④イ

―考え方―

❹ 助詞は、関係を示したり意味を付け加えたりする語。助動詞は、用言に意味を付け加える語。複数の語の連なりの言葉が、助詞や助動詞と同じようなはたらきをする場合がある。

初恋

50〜51ページ　Step 2

❶ (1) イ
(2) やさしく白き手をのべて　林檎をわれにあたへし
(3) ウ
(4) 例「われ」と「君」が、林檎の木の下で会うため通っていてできた細道。
(5) ア
(6) 例 初恋のイメージに、林檎の甘酸っぱさ、みずみずしさを重ねる効果。
例 初恋のみずみずしい甘酸っぱさを、林檎のイメージから思い起こさせる効果。

(7) a古語（文語） b七五 c文 d定型

考え方

❶
(1) 昔の女性は、大人になるとともに髪を結う（上げる）習慣があった。「まだあげ初めし」は「まだ上げたばかりの」という意味で、大人になりはじめの初々しさが感じられる。

(2) 「君」が、白い手をさしのべて林檎《りんご》を「われ」に与えたことが、「われ」の恋の始まりとなった。

(3) 「こころなき」は、ここでは「そのつもりがないのに」という意味。アの「絶望」やイの「わざと」は当てはまらない。

(4) 「おのづからなる」は「自然にできた」という意味。二人がここに通っていたためにできた道、と考えられる。

(5) 「誰《た》が踏みそめしかたみぞ」というのは、「誰が（踏んで）通り始めたからできたのですか」という「君」の問いかけである。当然わかっていることだが、たわむれて問いかけたのだろう。「われ」はそんな「君」をまた愛《いと》おしく思うのである。

(6) 林檎は、その甘酸っぱい味とみずみずしい表面から、古くから若さや初恋の象徴として用いられている。

(7) 「初めし」「思ひけり」「問ひたまふこそ」など、昔の言葉（古語・文語）が使われている。「まだあげ初めし／前髪の」「林檎のもとに／見えしとき」と「七音／五音」のリズムである。文語で書かれ、音数に一定のきまりをもった五七調、七五調などの詩を「文語定型詩」という。また、口語（現代の言葉）で書かれ、音数にきまりのない詩を「口語自由詩」という。

言葉発見⑤

52～53ページ Step❷

❶ ①そ ②まえがみ ③とくちょう ④ほんやく ⑤ころ ⑥はいりょ ⑦ことがら ⑧じょうきょう ⑨そんちょう ⑩はいけん ⑪かいさい ⑫そえん ⑬あいさつ ⑭みぶ ⑮へんこう

❷ ①恋 ②踏 ③歌詞 ④俳句 ⑤涙 ⑥遣 ⑦違 ⑧頼 ⑨謝 ⑩距離 ⑪怒 ⑫迷惑 ⑬尋 ⑭感謝 ⑮映

❸
①例 おっしゃった／言われた
②例 お困りですか／困っていらっしゃいますか
③例 お集まりくださって
お集まりいただきまして
④例 うかがいたいのですが
お聞きしたいのですが
⑤例 嫌いなわけではありません
嫌いというのではありません

❹
①例 先生にたくさんの資料を運ぶように言われたので、悪いんだけど、手伝ってくれない？
例 先生から資料をたくさん運ぶよう頼まれたから、悪いけど手伝ってくれる？
②例 国語の宿題のために「夏目漱石全集」を見たいのですが、どこにあるか、教えていただけますか？
例「夏目漱石全集」を探しているのですが、置いてある場所を教えてもらえますか。

考え方

❸ 尊敬語や謙譲語を確認しよう。「おっしゃる」「うかがう」は特定の動詞の敬語。「お～になる」「ご～になる」や助動詞の「れる・られる」で尊敬の意を表すこともできる。

❹
①相手が友達なので、敬語を用いないで相手に対する配慮、気配りを表す。
②相手が学校司書の方なので、敬語を使う。「すみませんが」などの前置きをつけてもよいだろう。

故郷

54〜55ページ Step ❶

❶ (1) イ
(2) a 通りがかりの人　b 穴熊　c 針ねずみ
(3) 高い塀に囲〜ているだけ
(4) ア
(5) イ

考え方

❶ (2) 「そうじゃない。」から始まる閏土《ルントー》の会話文の中から抜き出す。
(3) 続く閏土の会話文のあとの段落に注目しよう。「高い塀に囲まれた……眺めているだけ」と書かれている。「私」がすいかの「危険な経歴」などまったく知らなかったのは、高い塀に囲まれた町の中で生活しているからである。
(5) 子供の頃の閏土との思い出がよみがえり、一気に楽しい気持ちになった。この思い出の中の故郷が「美しい故郷」なのである。

故郷①

56〜57ページ Step ❷

❶ (1) 艶のいい丸顔
血色のいい丸々した手（順不同）
(2) 松の幹のような（手）
(3) 例 昔とあまりに違う閏土の姿を見て驚いたから。
(4) ウ
(5) A 例 「私」と再会できたこと。
B 例 「私」と昔のようには話せないこと。
(6) 例 二人の身分や境遇の差が、子供の頃のような親しい付き合いを妨げるようになったこと。
例 境遇が大きく違ってしまい、子供の頃のように気安く接することができない間柄になったこと。
(7) 例 「私」を「だんな様」と呼んだこと。

❷ ① 怪　② 旧暦　③ 紺　④ 雇

考え方

❶ (1) この段落では、昔と現在の閏土の姿を対比して描写している。「昔の……」「私の記憶にある……」が子供の頃の閏土の姿。
(2) 「比喩表現」なので「〜ような」が用いられている部分である。
(3) やって来た閏土の、「私」の記憶にある姿とはあまりに異なる姿に衝撃を受け、何と言ってよいかわからなくなったのである。
(4) 「あとからあとから、数珠《じゅず》つなぎになって出かかった」ことは、昔の楽しかった思い出である。
(5) 閏土は「うれしくてたまりませんでした、だんな様がお帰りになると聞きまして……」と言っている。しかし昔のように「迅《シュン》ちゃん」と呼べないのは「寂しさ」につながる。
(6) 身分や境遇の差（＝「壁」）によって、大人になった二人は子供の頃のような気安い仲には戻れない。「私」はそれを悲しいと感じている。
(7) 母の「昔のように、迅ちゃん、でいいんだよ」という言葉に着目する。閏土が「私」を「迅ちゃん」ではなく「だんな様」と敬語で呼んでいるのを、「兄弟の仲」だったのに「他人行儀」だと言っている。

故郷②

58〜59ページ Step ❷

❶ (1) ア
(2) すいか畑の銀の首輪の小英雄
(3) 例 閏土も変わってしまって昔のおもかげはなくなり、故郷との隔たりを感じるだけだったから。
(4) 隔絶

(5) 例 身分や境遇にかかわりなく人と人との心が通い合い、魂をすり減らすことのない生活。
例 魂をすり減らしたり、心がまひしたり、野放図に走ることのない、心の通い合う生活。

(6) 私＝イ　閏土＝ウ

❷ ①猛　②溺愛　③凶作　④炊事

考え方

❶ (1) 宏児《ホンル》の「水生《シュイション》が僕に、家へ遊びに来いって」という言葉に、二人は胸を突かれている。せっかく親しくなった宏児と水生が、自分たち大人の都合で仲を裂《さ》かれてしまうことに気づいたのである。

(2)(3) 故郷から離れていく様子を述べた「古い家はますます……」で始まる段落に着目する。「すいか畑の銀の首輪の小英雄」であった閏土は変わってしまい、そのおもかげはぼんやりしてしまった。「自分の周りに目に見えぬ高い壁があって、……取り残されたように」と感じている。「壁」は故郷の人々との隔たりを表す。

(4) 「隔絶」は、距離が遠くなり交流できない様子。

(5) ——線⑤のある段落に書かれていることをまとめる。宏児と水生が今、境遇の違いを超えて心を通い合わせている。若い世代の心を通わせ合う生活というのは、「魂をすり減らす」「心がまひする」「野放図《のほうず》に走る」ことのない生活である。

(6) 閏土の望むものはすぐ手に取れる形のある物。「私」が望むものは、直前の文から「希望」とわかるが、それは若い世代が「新しい生活」をもつという「希望」である。

漢字を身につけよう⑦

60〜61ページ Step 2

❶ ①へい　②さげす　③じぎ　④はなは　⑤た　⑥ばせい　⑦はいせき　⑧せいさん　⑨ゆううつ　⑩たまわ　⑪かくせい　⑫だらく　⑬せいきょ　⑭つつし　⑮あいとう

❷ ①股　②艶　③籠　④唇　⑤頬骨　⑥痩　⑦薄墨　⑧英雄　⑨魂　⑩偶像　⑪崇拝　⑫焼酎　⑬音沙汰　⑭諭　⑮訃報

❸ ①ウ　②オ　③ク　④イ　⑤キ　⑥ア　⑦エ　⑧カ

❹ ①aゆ　bむす　②aざい　bさい　③aこう　bかお　④aもう　bぼう　⑤aは　bえい　⑥aに　bじん　⑦aきょう　bむな　⑧aぼう　bわす

「文殊の知恵」の時代

62〜63ページ Step 1

❶ (1) 徹底的な検証を放棄することになり、すばらしい知恵を生み出せなくなってしまうから。

(2) ①a複雑化　b社会
②エネルギー問題

(3) 多様な価値〜ような社会

(4) ア

(5) イ

考え方

❶ (2) ①「そのような社会において生じる問題は、とても一人の知識や経験だけで対処できるようなものではない」とある。「そのような」の指すものは、前文の内容。前文から三字の「複雑化」を抜き出す。
②あとにある「例えば」という語句に着目しよう。

(3) 指示語の問題である。前の文に「……社会」とある。

(5) 最後の段落の「すばらしい知恵」とは「文殊《もんじゅ》の知恵」であるから、この段落の第一〜第三文の内容にイは一致する。ア「同じような考えの人が集まって」、ウ「一般の人々は口をはさまない」は「違いを尊重する」と合わない。

坊っちゃん

64〜65ページ Step 1

❶ (1) ウ
(2) a なんにもせぬ　b だめだ
(3) ウ
(4) a 人に好かれる　b つまはじき　c 珍重
(5) 例 お世辞を言われるのを嫌っているところ。

考え方

❶ (1) 台所で宙返りをしてあばら骨を打ったりするのは「無鉄砲」、悔しかったからと兄の横っ面《つら》を張ったりするのは「短気」、「もう少しおとなしくすればよかった」と思うのは「素直」なところの表れである。
(3) 「俺」は勘当も「しかたがない」と思ったのに、清《きよ》が「泣きながら」謝ってくれたのである。ア「聞き入れるはずがないとわかる」、イ「清の愛情がわずらわしかった」は合わない。
(5) 「それだから」の「それ」の指す内容に注目しよう。「俺」は「他人から木の端のように」扱われている自分を褒める清の気持ちがわからない。「よいご気性だ」と言われてもお世辞にしか思えず、「お世辞は嫌いだ」と答える。そのことを指している。

坊っちゃん

66〜67ページ Step 2

❶ (1) 例 清が俺との関係を、封建時代の主従のように考えていたため。
(2) 例 a 主人　b 自慢（話）　c（いい）迷惑
(3) 例 「俺」が家を持ったらまた一緒に暮らせると思ったのに、田舎へ行くと言われたから。
(4) ア
(5) 例 清の「俺」に対する変わらぬ愛情。
(6) 例 旅立つ「俺」を心配する清の愛情。
例 清の涙を見て、清に対する思いがあふれ、こらえきれない気持ち
例 清に会えるのはこれが最後かもしれないと、清への思いを抑えられない気持ち

❷ ① 無鉄砲　② 稲　③ 枕　④ 赴任

考え方

❶ (1) このあとに「ただ清は昔ふうの女だから……考えていた」とある。自分の主人はおいの主人でもあるとして、清は主人の自慢話をするのだと思った。
(2) 「いい面の皮だ」とは、割に合わない目に遭ったときに、自嘲したり、その人に同情したりして言う言葉。おいに同情して言っている。
(3) 清は、「俺」は「今に学校を卒業すると……屋敷を買って役所へ通うのだ」とおいに吹聴《ふいちょう》し、期待していた。「俺」がうちを持てばまた一緒に住めると思っていたのである。
(4) やつぎばやに質問してくる清を「もてあました」と言いながら、一つ一つ丁寧に答えている。イ「面倒だと思っている」、ウ「焦《あせ》っている」という態度ではない。
(5) 田舎へ行くという「俺」が心配で、世話をやくのである。
(6) 「もうお別れになるかもしれません」と涙目で言う清に、これまで自分に変わらぬ愛情を注いできてくれたことに対する思いがあふれてきて、泣きそうになったのである。

漢字を身につけよう⑧

68〜69ページ Step 2

❶ ① ちょうえき　② かんどう　③ れいらく　④ か
⑤ しゅうせん　⑥ めんるい　⑦ はんぷ　⑧ こつずい
⑨ ほうこう　⑩ ふた　⑪ せんべい　⑫ おろしうり

⑬じょうぞう　⑭れんか　⑮けつれつ

❷ ①刃　②請　③鉢　④尻　⑤湧　⑥奉公　⑦諦　⑧鍋
⑨手拭　⑩食卓　⑪漬　⑫揚　⑬栓　⑭粒　⑮徹底

❸ ①カ　②エ　③ア　④オ　⑤キ　⑥イ　⑦ウ

❹ ①しちや　②きしょう　③やまと　④やよい　⑤なだれ
⑥ふぶき　⑦いおう　⑧あずき　⑨かじ　⑩しにせ
⑪かわせ　⑫かたず　⑬しっぽ

考え方

❹ ③〜⑬は特別な読み方の熟語である。
⑫「固唾をのむ」は、緊張して息をこらしている様子を表す慣用句。
⑬「尻尾をつかむ」は、証拠をにぎるという意味の慣用句。

三年間の文法の総まとめ①

70〜71ページ　Step 2

❶ ①昨日から｜雨が｜降り続いて｜いる。
②丘の｜上の｜あの｜家が｜あなたの｜家ですか。
③夏が｜来るけれど｜今年は｜海に｜行けない。
④新しい｜パソコン｜を｜使い｜ましょ｜う。
⑤先週｜の｜大会｜で｜野球部｜が｜三位｜に｜なっ｜た。

❷ ①オ　②イ　③ウ　④ア　⑤カ　⑥エ

❸ ①カ　②ア　③ケ　④オ　⑤コ　⑥ク　⑦キ　⑧ウ　⑨イ
⑩エ

❹ ①ウ　②キ　③カ　④エ　⑤ア　⑥オ　⑦エ　⑧イ　⑨オ
⑩キ

考え方

❶ ①「降り続く」は複合動詞。「いる」は補助動詞で一文節。
②「あの」は一文節。「家ですか」は、「です」が助動詞で「か」が助詞なので一文節。
③「けれど」は接続詞なので「来るけれど」で一文節。
④「ましょう」は、助動詞「ます」と助動詞「う」。
⑤「野球部」で一単語。「なった」は動詞「なる」と助動詞「た」。

❷ ①「おとなしくて」と「かわいい」は対等に並んでいる。
②「映画を」は「見る」を修飾している。
③「すると」は順接の接続詞。
④「誰が―どうする」という主語と述語の関係。
⑤「からくはない」といえるので「ない」は補助形容詞。
⑥「きみ」は呼びかけの感動詞で独立語になる。

❸「体言」は名詞。動詞・形容詞・形容動詞を「用言」という。付属語で、活用があるのが助動詞、活用がないのが助詞。

❹ ①「歩くことができる」なので可能を表す。
②終止形は「元気だ」で、言い切りの形が「だ」である。
③「甘くはない」といえるので補助形容詞。補助形容詞には「〜（て）ほしい」もある。
④「ある」・⑦「みる」に動詞本来の意味はなく、前の言葉の意味を補っている。補助動詞は「〜て（で）―」の形をとり、平仮名で書かれる。他に「〜（て）いる」「〜（て）おく」「〜（て）いく」「〜（て）あげる」などがある。一文節になるので注意しよう。
⑧はたらきかける対象が「紙飛行機を」と「〜を」で示されている。
⑨「何が―ない」という述語になる形容詞。
⑩「面倒（名詞）＋だ（助動詞）」ではない。

三年間の文法の総まとめ②

72ページ　Step 2

❶ ①なら　②よう　③ても　④ない

❷ ①エ　②ア　③ウ　④カ　⑤イ　⑥オ

❸ ①エ　②カ　③イ　④ケ　⑤ク　⑥ウ　⑦キ　⑧オ　⑨コ
⑩ア

考え方

❶ 決まった表現とともに用いられる陳述《ちんじゅつ》（叙述《じょじゅつ》）の副詞である。決まった言い方があとにくることを「副詞の呼応」という。
①「もし～なら」、②「まるで～よう（に）」、③「たとえ～ても」、④「決して～ない」となる。

❷ 副詞の種類は他に、動作や作用の様子を表す状態の副詞（擬声語・擬態語も含む）、性質や状態の程度を表す程度の副詞がある。確認しておこう。

①「つまり」は説明・補足、②「だから」は順接、③「それとも」は対比・選択、④「しかし」は逆接、⑤「さて」は転換、⑥「そして」は並立・累加《るいか》の接続詞である。

❸ 助動詞の意味を確認しよう。
①・③・⑥・⑩「れる・られる」には、受け身・自発・可能・尊敬の用法がある。「れる」は五段活用動詞・サ変動詞につき、「られる」は上一段・下一段活用動詞・カ変動詞につく。
④・⑨「そうだ」には、様態・伝聞の用法がある。様態の意味になるのは動詞の連用形につくとき、伝聞の意味になるのは動詞の終止形につくときである。覚えておこう。
⑦この「ない」は打ち消し（否定）の助動詞だが、「ない」には他に形容詞、補助形容詞があるので注意が必要である。

テスト前 ✓ やることチェック表

① まずはテストの目標をたてよう。頑張ったら達成できそうなちょっと上のレベルを目指そう。
② 次にやることを書こう（「ズバリ英語〇ページ，数学〇ページ」など）。
③ やり終えたら□に✓を入れよう。
最初に完ぺきな計画をたてる必要はなく，まずは数日分の計画をつくって，
その後追加・修正していっても良いね。

目標

	日付	やること1	やること2
2週間前	／	□	□
	／	□	□
	／	□	□
	／	□	□
	／	□	□
	／	□	□
	／	□	□
1週間前	／	□	□
	／	□	□
	／	□	□
	／	□	□
	／	□	□
	／	□	□
	／	□	□
テスト期間	／	□	□
	／	□	□
	／	□	□
	／	□	□
	／	□	□

QRコードのページに登録すると，「ぴたリンク」からも表をダウンロードできるよ

テスト前 ☑ やることチェック表

① まずはテストの目標をたてよう。頑張ったら達成できそうなちょっと上のレベルを目指そう。
② 次にやることを書こう（「ズバリ英語〇ページ，数学〇ページ」など）。
③ やり終えたら□に✔を入れよう。
　最初に完ぺきな計画をたてる必要はなく，まずは数日分の計画をつくって，
　その後追加・修正していっても良いね。

目標

	日付	やること 1	やること 2
2週間前	／	□	□
	／	□	□
	／	□	□
	／	□	□
	／	□	□
	／	□	□
	／	□	□
1週間前	／	□	□
	／	□	□
	／	□	□
	／	□	□
	／	□	□
	／	□	□
	／	□	□
テスト期間	／	□	□
	／	□	□
	／	□	□
	／	□	□
	／	□	□

キリトリ線

QRコードのページに登録すると，「ぴたリンク」からも表をダウンロードできるよ

ズバリよくでる

直前チェックBOOK

漢字の読み書き・
文法重要事項に完全対応!

国語

三省堂版

3年

赤シートで何度でも!

握手　教 p.20~29

- 洗濯をする。（せんたく）
- 高価な代物。（しろもの）
- 記憶に残る。（きおく）
- 穏やかな声。（おだ）
- 郊外に住む。（こうがい）
- 五男坊の写真。（ごなんぼう）
- 爪を切る。（つめ）
- 豆《とう》腐《ふ》が潰れる。（つぶ）
- 原野の開墾。（かいこん）
- 選手と監督。（かんとく）
- 古代の帝国。（ていこく）
- 温かいみそ汁。（しる）
- 罰があたる。（ばち）
- 爪をかむ癖。（くせ）
- 傲慢な態度。（ごうまん）
- 素直に謝る。（あやま）
- 脳裏をよぎる。（のうり）
- 闇市の露店。（やみいち）
- 召し上がる。（め）
- 分割して払う。（ぶんかつ）
- 冗談を言う。（じょうだん）
- 遺言をのこす。（ゆいごん）
- 平凡な日常。（へいぼん）
- 祖父の一周忌。（いっしゅうき）
- 腫瘍の切除。（しゅよう）
- 葬式の会場。（そうしき）

漢字を身につけよう①　教 p.38

- 艇庫への格納。（ていこ）
- 突堤を築く。（とってい）
- 遠くの岬。（みさき）
- 翻弄される。（ほんろう）
- 船が左舷に傾く。（さげん）
- 輪郭をなぞる。（りんかく）
- 峰の上を歩く。（みね）
- 畏敬の念。（いけい）
- 丘陵を眺める。（きゅうりょう）

テストでまちがえやすい漢字

- 渓流を下る。（けいりゅう）
- 滝に打たれる。（たき）
- 静かな湖畔。（こはん）
- 牛の乳搾り。（ちちしぼ）
- 暁の空を仰ぐ。（あかつき）
- 露天風《ぶ》呂に入る。（ろ）
- 鉛筆の芯。（しん）
- 娯楽が多い。（ごらく）
- 人生の伴侶。（はんりょ）
- 知己を得る。（ちき）
- 契約を交わす。（か）
- 誠を尽くす。（まこと）
- 任務に就く。（つ）
- 初代の首相。（しゅしょう）

「批判的に読む」とは　教 p.40~42

- 粗探しをする。（あらさが）
- よく吟味する。（ぎんみ）

間の文化　教 p.44〜48

隙間を埋める。（すきま）
鍵をかける。（かぎ）
宮廷の役人。（きゅうてい）
重厚な扉。（じゅうこう）
芝居をする。（しばい）
琴を弾く。（こと）
関係を断ち切る。（た）
遠慮なく話す。（えんりょ）
褒めて育てる。（ほ）
深謀遠慮（しんぼう）
幅が狭い。（せま）
不況に陥る。（おちい）

漢字のしくみ　教 p.58〜59

呉越同舟《どうしゅう》（ごえつ）
五里霧中（むちゅう）
温厚篤実（とくじつ）
臥《が》薪嘗胆《しょうたん》（しん）

懇切丁寧（こんせつ）
巧遅拙速（こうちせっそく）
孤軍奮闘（こぐん）
首尾一貫（いっかん）
食欲旺盛（おうせい）
諮問会議（しもん）
戸籍謄本（とうほん）
津々浦々《うらうら》（つつ）
森羅万象（しんら）
和洋折衷（せっちゅう）
深山幽谷（ゆうこく）
沈黙寡言（かげん）
内憂外患（ないゆうがいかん）
鯨飲馬食（げいいん）
換骨奪胎（だったい）

漢字を身につけよう②　教 p.60

又の機会。（また）
勇猛《ゆうもう》果敢（かかん）

疾風迅雷（じんらい）
暫定的な処理。（ざんてい）
羨ましい話。（うらや）
順風満帆（まんぱん）
遮二無二（しゃにむに）
表彰を受ける。（ひょうしょう）
拍手喝采（かっさい）
嵐に備える。（あらし）
東奔西走（とうほんせいそう）
案を却下する。（きゃっか）
白紙撤回（てっかい）
一時頓挫する。（とんざ）
遺憾千万（いかん）
傍若無人（ぼうじゃくぶじん）
質実剛健（ごうけん）
廃藩置県（はいはん）
近畿地方（きんき）
縄文土器の出土。（じょうもん）
神宮に詣でる。（じんぐう）

修行に励む。（しゅぎょう）
一朝一夕（いっせき）
率先励行（そっせん）

俳句の世界　教p.62〜64

聴覚の検査。（ちょうかく）
爽やかな朝。（さわ）

希望　教p.78〜81

心が騒ぐ。（さわ）
犯人の逮捕。（たいほ）
未曽有の事件。（みぞう）
奇跡の生還。（せいかん）
天候が崩れる。（くず）
束縛を解く。（そくばく）
狂気の沙汰《さた》。（きょうき）
熱に耐える。（た）
餓死を免《まぬか》れる。（がし）
看守と囚人。（しゅうじん）

漢字を身につけよう③　教p.86

戯曲の映画化。（ぎきょく）
児童向け抄訳。（しょうやく）
括弧をつける。（かっこ）
かわいい挿絵。（さしえ）
小説の梗概。（こうがい）
戦慄を覚える。（せんりつ）
観音《かんのん》の塑像。（そぞう）
肖像画を描く。（しょうぞうが）
玩具で遊ぶ。（がんぐ）
凡庸な言葉。（ぼんよう）
秀逸な作品。（しゅういつ）
異国への憧憬。（しょうけい）
作品を模倣する。（もほう）
会を主宰する。（しゅさい）
俳諧を学ぶ。（はいかい）
貨幣の鋳造。（ちゅうぞう）
塾に通う。（じゅく）
隷書を習う。（れいしょ）

テストでまちがえやすい漢字

麦秋の季節。（ばくしゅう）
来る日曜日。（きた）
若者が集う。（つど）
面はゆい気分。（おも）
感極まる。（きわ）

フロン規制の物語―〈杞憂〉と〈転ばぬ先の杖〉のはざまで　教p.88〜95

無臭の気体。（むしゅう）
冷媒の性質。（れいばい）
化粧を落とす。（けしょう）
缶を開ける。（かん）
水で洗浄する。（せんじょう）
僅かな分量。（わず）
厄介な作業。（やっかい）
木が腐る。（くさ）
法の下の平等。（もと）
成層圏に達す。（せいそうけん）
地元の企業。（きぎょう）

不明瞭な理由。（ふめいりょう）
必須の条件。（ひっす）
ズバッ 未知との遭遇。（そうぐう）
ズバッ 柔軟な対応。（じゅうなん）

漢字を身につけよう④ 教p.106

水槽を洗う。（すいそう）
牙をむく。（きば）
上顎の発達。（うわあご）
ズバッ 褐色の髪。（かっしょく）
若駒が駆ける。（わかごま）
翼を広げる。（つばさ）
サンゴ礁の島。（しょう）
ズバッ 喫緊の課題。（きっきん）
危惧する。（きぐ）
粉骨砕身する。（さいしん）
犠牲を伴う。（ぎせい）
慎重な性格。（しんちょう）
ズバッ 条約の批准。（ひじゅん）

優勝を狙う。（ねら）
野望の阻止。（そし）
天然痘の予防。（てんねんとう）
酵素のはたらき。（こうそ）
汗を分泌する。（ぶんぴつ）
無色透明の硝酸。（しょうさん）
水郷地帯（すいごう）
渓谷沿いの道。（けいこく）
ズバッ 土砂を運ぶ。（どしゃ）
深浅の差。（しんせん）
助太刀に参る。（すけだち）

和歌の世界―万葉集・古今和歌集・新古今和歌集 教p.108〜113

ズバッ 古今和歌集（こきん）
尾頭つきの鯛《たい》。（おかしら）
浅瀬を渡る。（あさせ）
壇《だん》ノ浦の戦い。（うら）

おくのほそ道 教p.120〜124

舟をこぐ。（ふね）
生涯を閉じる。（しょうがい）
友人を誘う。（さそ）
各地を漂泊する。（ひょうはく）
ズバッ 権利を譲る。（ゆず）
別荘で過ごす。（べっそう）
古都を巡る。（めぐ）
清閑な庭。（せいかん）
ズバッ 山の麓。（ふもと）
佳景寂寞《じゃくまく》（かけい）

漢字を身につけよう⑤ 教p.138

区の管轄。（かんかつ）
ズバッ 閣僚の仕事。（かくりょう）
大臣の罷免。（ひめん）
官邸を訪れる。（かんてい）
ズバッ 派閥の争い。（はばつ）
韓国の民話。（かんこく）

緯度を測る。（いど）
古墳を調べる。（こふん）
人類発祥の地。（はっしょう）
余計な詮索。（せんさく）
弥生時代の土器。（やよい）
貝塚の発掘。（かいづか）
儒教の思想。（じゅきょう）
禅宗の寺。（ぜんしゅう）
歴史上の名僧。（めいそう）
瓦屋根の家。（かわら）
洞窟に入る。（どうくつ）
呪文を唱える。（じゅもん）
怨念を晴らす。（おんねん）
大海原を渡る。（おおうなばら）
波止場の船。（はとば）
早苗を植える。（さなえ）
早乙女（さおとめ）
白髪が増える。（しらが）
木綿のハンカチ（もめん）

芝生に寝転ぶ。（しばふ）
差し支える（つか）
お巡りさん（まわ）
紅葉狩りの時期。（もみじ）

情報社会を生きる ―メディア・リテラシー― 教 p.142〜147

恣意的だ。（しいてき）
内容の把握。（はあく）

漢字を身につけよう⑥ 教 p.154

学費を稼ぐ。（かせ）
割賦で買う。（かっぷ）
約款を読む。（やっかん）
隠蔽工作（いんぺい）
進路を妨げる。（さまた）
可能性の示唆。（しさ）
失墜した信頼。（しっつい）
名誉毀損の罪。（きそん）

賠償を求める。（ばいしょう）
訴訟を起こす。（そしょう）
法曹界に入る。（ほうそう）
政界の重鎮。（じゅうちん）
恩赦を受ける。（おんしゃ）
刑罰を科す。（けいばつ）
猶予を与える。（ゆうよ）
猟銃を構える。（りょうじゅう）
賭けごと。（か）
形骸化する。（けいがいか）
専らの評判。（もっぱ）
歩がいい仕事。（ぶ）
成長が著しい。（いちじる）
貴い体験。（とうと）
旅客機の発着。（りょかくき）

故郷 教 p.162〜174

怪しい人影。（あや）
旧暦の七夕。（きゅうれき）

紺碧《べき》の空。（こん）
木の股に座る。（また）
雇い人を置く。（やと）
艶が出る。（つや）
溺愛する。（できあい）
籠に入れる。（かご）
縄で結わえる。（ゆ）
獰《どう》猛な犬。（もう）
塀で囲む。（へい）
頬骨が高い。（ほおぼね）
唇をかむ。（くちびる）
相手を蔑む。（さげす）
財布を落とす。（さいふ）
痩せた大地。（や）
凶作が続く。（きょうさく）
香炉の灰。（こうろ）
炊事と洗濯。（すいじ）
薄墨色の着物。（うすずみ）
国家の英雄。（えいゆう）

魂を震わす。（たましい）
茶を所望する。（しょもう）
偶像化する。（ぐうぞう）
神を崇拝する。（すうはい）

漢字を身につけよう⑦ 教 p.180

時宜にかなう。（じぎ）
甚だしい誤解。（はなは）
見るに堪えない。（た）
罵声を浴びる。（ばせい）
排斥運動をおこす。（はいせき）
凄惨な事故。（せいさん）
憂鬱になる。（ゆううつ）
米を二升炊く。（にしょう）
麦の焼酎。（しょうちゅう）
王から剣を賜る。（たまわ）
音沙汰がない。（おとさた）
能力の覚醒。（かくせい）
堕落した精神。（だらく）

子供を諭す。（さと）
逝去の知らせ。（せいきょ）
訃報を伝える。（ふほう）
謹んで祝う。（つつし）
哀悼の意。（あいとう）
牧場《ぼ》の牛。（まき）
夜空に映える月。（は）
仁王立ちする。（におう）
胸騒ぎがする。（むなさわ）
忘却のかなた。（ぼうきゃく）

「文殊の知恵」の時代 教 p.182～184

徹底的な調査。（てってい）
交渉が決裂する。（けつれつ）

坊っちゃん 教 p.186～196

無鉄砲な計画。（むてっぽう）
刃を研ぐ。（は）
安く請け合う。（う）

質屋に入れる。（しちや）
鉢に植える。（はち）
尻もちをつく。（しり）
水が湧き出る。（わ）
金色の稲。（いね）
懲役刑に処す。（ちょうえき）
子を勘当する。（かんどう）
零落した貴族。（れいらく）
奉公に出る。（ほうこう）
出場を諦める。（あきら）
気性が荒い。（きしょう）
枕もとに置く。（まくら）
鍋焼きうどん（なべ）
嗅ぎ回る。（か）
周旋を頼む。（しゅうせん）
海外への赴任。（ふにん）
手拭いを巻く。（てぬぐ）

漢字を身につけよう⑧ 教 p.199

丼物の店。（どんぶりもの）
麺類を好む。（めんるい）
食卓を囲む。（しょくたく）
漬け物を添える。（つ）
食膳に上せる。（しょくぜん）
骨髄の移植。（こつずい）
揚げ物料理。（あ）
箸を置く。（はし）
窯焼きのパン。（かま）
バラの芳香。（ほうこう）
栓抜きを使う。（せん）
蓋を開ける。（ふた）
煎餅（せんべい）
串団子を買う。（くしだんご）
卸売の業者。（おろしうり）
酒を醸造する。（じょうぞう）
廉価版の発売。（れんか）
無料で頒布する。（はんぷ）

テストでまちがえやすい漢字

大粒の雨。（おおつぶ）
大和朝廷の成立。（やまと）
弥生時代の土器。（やよい）
雪崩の発生。（なだれ）
桜吹雪が舞う。（ふぶき）
硫黄の化合物。（いおう）
国産の小豆。（あずき）
刀鍛冶の技術。（かたなかじ）
老舗の料亭。（しにせ）
為替の仕組み。（かわせ）
固唾をのむ。（かたず）
尻尾を振る。（しっぽ）

本文で扱わなかった漢字 教 p.319

陸軍の大尉。（たいい）
淫行の禁止。（いんこう）
畑に畝を立てる。（うね）
雷雨の虞がある。（おそれ）
誘拐犯の逮捕。（ゆうかい）

迅速且つ慎重。（か）
潜水艦に乗る。（せんすいかん）
禁錮五年の刑。（きんこ）
侯爵の身分。（こうしゃく）
拷問を受ける。（ごうもん）
藩主の継嗣争い。（けいし）
国璽を押す。（こくじ）
爵位を賜る。（しゃくい）
紳士と淑女。（しゅくじょ）
殉職者を弔う。（じゅんしょく）
天皇の詔書。（しょうしょ）
大企業の総帥。（そうすい）
将軍の嫡子。（ちゃくし）
勅使を遣わす。（ちょくし）
朕は国家なり。（ちん）
貞節を守る。（ていせつ）
逓信省（ていしん）
奴隷の解放。（どれい）
軍が駐屯する。（ちゅうとん）

野蛮な行為。（やばん）
美しい王妃。（おうひ）
子を扶養する。（ふよう）
甲乙丙（こうおつへい）
品性の陶冶。（とうや）
拉致される。（らち）
捕虜の収容所。（ほりょ）

教p.58〜59

四字熟語の構成

1 似た意味の二字熟語を重ねる。
●■＝▲◆　例 千差＝万別

2 反対の意味の二字熟語を重ねる。
●■↔○□　例 質疑↔応答

3 反対の意味の漢字でできた熟語を重ねる。
●○＋■□　例 古↔今＋東↔西

4 上の二字が下の二字にかかる。
●■→▲◆　例 孤軍→奮闘

5 同じ漢字の繰り返しを二つ重ねる。
●々＋■々　例 時々＋刻々

6 四字が対等に並ぶ。
●＋■＋▲＋◆　例 花＋鳥＋風＋月

四字熟語の意味

呉越同舟《ごえつどうしゅう》…仲の悪い者たちが同じ場所にいること。

五里霧中《ごりむちゅう》…手がかりがなく、どうしてよいか迷うこと。

温厚篤実《おんこうとくじつ》…穏やかでまじめな性格。

臥薪嘗胆《がしんしょうたん》…目的のために苦心し苦労に耐えること。

有名無実《ゆうめいむじつ》…名ばかりで実質がないこと。

用意周到《よういしゅうとう》…全てに準備が行き届いていること。

前代未聞《ぜんだいみもん》…今までに聞いたこともないようなこと。

首尾一貫《しゅびいっかん》…初めから終わりまで方針や態度が変わらないこと。

唯々諾々《いいだくだく》…なんでも人の言いなりになる様子。

大器晩成《たいきばんせい》…大人物は遅れて大成するということ。

森羅万象《しんらばんしょう》…天地の間にある全ての事物や現象。

和洋折衷《わようせっちゅう》…日本と西洋の様式を取り混ぜて用いること。

沈黙寡言《ちんもくかげん》…落ち着きがあり、言葉数が少ないこと。

内憂外患《ないゆうがいかん》…国内での心配事と外国から受ける心配事。

鯨飲馬食《げいいんばしょく》…一度に非常に多くのものを飲み食いすること。

換骨奪胎《かんこつだったい》…他の人の作品や着想などをもとにして自分の作品を作ること。

▼慣用句・ことわざ・故事成語

教 p.99〜101

慣用句

＊複数の言葉全体で、特定の意味をもつ語句。

例 **肩を並べる**…実力や地位が対等の位置にいること。
宙に浮く…決着がつかず、中途半端なままになること。

ことわざ

＊昔から言い習わされ、伝えられてきた教訓・知恵など。

似た意味のことわざ

例 **猿も木から落ちる** ≒ 弘法《こうぼう》にも筆の誤り
河童《かっぱ》の川流れ
（その道に上手な者でも失敗することがある。）
果報《かほう》は寝て待て ≒ 待てば海路《かいろ》の日和《ひより》あり
（焦らないで、時機を待てということ。）
光陰《こういん》矢のごとし ≒ 歳月人を待たず
（月日のたつのは早いということ。）
猫に小判 ≒ 豚に真珠／馬の耳に念仏
（価値のわからないものには価値のあるものを与えても無駄である。）
のれんに腕押し ≒ ぬかに釘《くぎ》／豆腐にかすがい
（なんの手ごたえもないこと。）

反対の意味のことわざ

例 **善は急げ** ↔ 急がば回れ
虎穴《こけつ》に入《い》らずんば虎子《こじ》を得《え》ず ↔ 君子《くんし》危《あや》うきに近寄らず
好きこそものの上手なれ ↔ 下手の横好き
三度目の正直 ↔ 二度あることは三度ある

故事成語

＊中国で昔から伝えられてきた話から生まれた言葉。

例 **蛇足《だそく》**…必要のないものを付け足すこと。
他山の石…他人の誤った言動でも、自分を磨く助けになるということ。

▶三大和歌集と表現技法

教 p.114〜116

	万葉集	古今和歌集	新古今和歌集
成立	奈良時代	平安時代	鎌倉時代
編者	大伴《おおともの》家持《やかもち》 等	紀《き》貫之《のつらゆき》 等	藤原《ふじわらの》定家《さだいえ》 等
特徴	幅広い階層の歌を収めた、現存する日本最古の歌集。 **歌風** 素朴・雄大で力強い **代表歌人** 持統《じとう》天皇・額田《ぬかた》王《のおおきみ》	醍醐《だいご》天皇の命によって作られた、最初の勅撰《ちょくせん》和歌集。 **歌風** 繊細・優美で技巧的 **代表歌人** 藤原敏行《としゆき》・小野《おのの》小町《こまち》	後鳥羽《ごとば》上皇の命によって作られた、八番めの勅撰和歌集。 **歌風** 象徴的・余情や幽玄を重視 **代表歌人** 西行《さいぎょう》法師・式子《しょくし》内親王

▼和歌の表現技法

枕詞

＊あとに続く特定の語を修飾する、五音の語。普通は現代語訳をしない。

例 白たへの　衣・袖・雲

序詞

＊あとに続く不特定の語句を修飾する。省略せずに現代語訳をする。

例 多摩《たま》川にさらす手作り　さらさらに

掛詞

＊一つの語に同じ音の二つの語の意味を重ねる技法。

例 山里は冬ぞさびしさまさりける人目も草もかれぬと思へば　源《みなもとの》宗于《むねゆき》

「（人目も）離《か》れ」「（草も）枯れ」

▼おくのほそ道

教 p.122〜124　□重要語句

平泉《ひらいづみ》《ズ》

三代の栄耀《えいえう》《ヨウ》（は）一睡のうちにして、大門《だいもん》の跡は一里こなたにあり。秀衡《ひでひら》が跡は田野《でんや》になりて、金鶏山《きんけいざん》のみ（が）形を残す。まづ《ズ》高館《たかだち》に登れば、北上川《きたかみがは》《ワ》（は）南部より流るる大河なり。衣川《ころもがは》《ワ》は和泉《いづみ》《ズ》が城《じやう》《ジョウ》を巡りて、高館の下《もと》にて大河に落ち入る。泰衡《やすひら》らが旧跡は、衣《ころも》が関《せき》を隔てて南部口をさし固め、蝦夷《えぞ》を防ぐと見えたり。さても義臣（を）すぐつ《ツ》てこの城にこもり、功名（も）一時《いちじ》の草むらとなる。国（が）破れて山河（は）あり、城（は）春にして草（は）青みたりと、笠《かさ》（を）うち敷きて時の移るまで涙を落としはべりぬ。

栄耀：栄華
一睡のうちにして：うたた寝をしている間に見る夢のようにはかなくて
こなた：手前
秀衡が跡：秀衡の館の跡
さても：それにしても
義臣（を）すぐつて：忠義を尽くす家臣をえりすぐって
功名（も）一時の草むらとなる：功名を立てたが、それもほんの一時のことで、今はただ一面の草むらとなっている
落としはべりぬ：流したのでした

夏草や　つはもの《ワ》どもが夢の跡

夏草：季語（夏）　や：切れ字　つはもの：武士　跡：体言止め
藤原氏の栄華や義経《よしつね》たちの功名も、もはや夢のようである。今は夏草が生い繁っているばかりだ。

卯《う》の花に兼房《かねふさ》見ゆるしらがかな　曾良《そら》

卯の花：季語（夏）　かな：切れ字
白い卯の花を見ていると、（ここで戦った義経の家来の）兼房の白髪が思われることだ。

かねて耳驚かしたる二堂（が）開帳す。経《きやう》《キョウ》堂《だう》《ドウ》は三将の像を残し、光堂《ひかりだう》《ドウ》は三代の棺《ひつぎ》を納め、三尊《さんぞん》の仏を安置す。七宝《しつぽう》《シッ》（は）散りうせて

かねて耳驚かしたる：以前から驚嘆して聞いていた
開帳す：扉を開けている

玉の扉(は)風に破れ、金《こがね》の柱(は)霜雪《さうせつ》《ソウ》に朽ち
宝玉をちりばめた扉

て、既に頽廃空虚《たいはいくうきよ》《キョ》の草むらとなるべきを、四
とっくに崩れ落ちて、すっかり荒れ果ててなくなってしまっているはずのところを

面(を)新たに囲みて、甍《いらか》を覆ひ《イ》て風雨をしの

ぎ、しばらく千歳《せんざい》の記念《かたみ》とはなれり。
しばらくの間は千年の昔の記念を残すことになったのである

季語(夏)
五月雨《さみだれ》の降り残してや光堂
切れ字　体言止め
五月雨もこの光堂の上は降り残したのだろうか。光堂は今でも美しく輝いているよ。

立石寺《りふしやくじ》《リュウシャク》

山形領に立石寺といふ《ウ》山寺《やまでら》(が)あり。慈覚《じかく》
慈覚大

大師《だいし》の開基にして、殊に清閑の地なり。一見
師が創立した寺院で
特に清らかで静かな場所である
一度は

すべきよし(と)、人々の勧むるによりて、尾《をオ》
見ておくほうがよいと
勧めたので

花沢《はねざは》《ワ》よりとつて《トッ》返し、その間《あひ》《イ》(は)七里ばかり

なり。

日(は)いまだ暮れず。麓の坊に宿(を)借り
まだ暮れない

置きて、山上の堂に登る。岩に巌《いはほ》《ワオ》を重ねて
岩に大きな岩が重なって

山とし、松柏《しようはく》《ショウ》(は)年《とし》ふり、土石(は)老いて、
山となり
松や檜は年をとり
土も石も長い年月を経て

苔《こけ》(は)滑らかに、岩上《がんしやう》《ショウ》の院々(は)扉を閉ぢ《ジ》て
滑らかに苔むしていて

物の音(も)聞こえず。岸を巡り岩を這ひ《はイ》て、

仏閣を拝し、佳景寂寞《じやくまく》《ジャク》として心(が)澄みゆく
仏閣に参拝すると
景色は美しく静まり返っていて

のみ(を)おぼゆ。
感じる

閑《しづ》《ズ》かさや岩にしみ入る蝉《せみ》の声
切れ字　季語　体言止め
なんという静かさだろう。岩にしみ入っていくような蝉の声が、私の心を静寂の中に引き入れていくよ。

▼漢文

教 p.132〜135

書《か》き下《くだ》し文《ぶん》	訓読文《くんどくぶん》	白文《はくぶん》
訓読文を漢字仮名交じりの日本語の文章にしたもの。 例 春眠暁を覚えず。 助動詞は平仮名で書く。 「不《ず》」→ず　「可《ベシ》」→べし	訓読…漢文(白文)を日本語で読むこと。**訓点**《くんてん》をつける。 訓点 返り点…読む順序を示す記号。 送り仮名…「てには」などの助詞。 句読点…「。」「、」 例 春 眠 不《ず》レ 覚《エ》レ 暁《ヲ》。	漢字だけで書かれた中国語の文章。 日本語とは語順が異なる。 例 春 眠 不 覚 暁

▼返り点の確認

レ点…一字だけ上に返る。

例 1春 2眠 5不《ず》レ 4覚《エ》レ 3暁《ヲ》。

一・二点…「一」「二」「三」のついた字に順に返る。

例 1青 2雲 5在《リ》二 3目 4前一。

例 4可《ベシ》二 1以《もつテ》 3為《なル》レ 2師《ト》 矣。（置き字）

上・下点…「上」「中」「下」のついた字に順に返る。

例 6有《リ》下 1朋《とも》、4自《より》二 2遠 3方一 5来《タル》上、

置き字…白文にあっても読まない文字。

「而」「矣」など

▼三年間の文法

教p.212〜219

文節 文を不自然にならないようにくぎったときのまとまり。「ネ」「サ」を入れることができる。

●文節の関係

- 主述の関係 例 私が（主語） 行く。（述語）
- 修飾・被修飾の関係 例 白い 花が 咲いた。
- 並立の関係 例 弟と 妹が 来る。
- 補助の関係 例 犬が ほえて いる。

品詞 単語を分類したもの。

- 自立語
  - 活用がない
    - 主語になる……名詞（体言）
    - 主語にならない……副詞・連体詞・接続詞・感動詞
  - 活用がある……述語になる……動詞・形容詞・形容動詞（用言）
- 付属語
  - 活用がない……助詞
  - 活用がある……助動詞

動詞 言い切りがウ段

例 走る／見る ＊「歩いてみる。（補助動詞）」「雨である。（補助動詞）」

形容詞 言い切りが「い」

例 傘がない。 ＊「寒く（は）ない。（補助形容詞）」

形容動詞 言い切りが「だ・です」

助詞 格助詞・接続助詞・副助詞・終助詞

助動詞

れる・られる（受け身・自発・可能・尊敬）

せる・させる（使役） だ（断定）・です（丁寧な断定）

ない（打ち消し［否定］） た・だ（過去・完了・存続）

たい・たがる（希望） う・よう（意志・勧誘《かんゆう》・推量）

らしい（推定） ようだ（推定・たとえ）

そうだ（様態・伝聞）

まい（打ち消しの意志・打ち消しの推量）